超現代語訳 幕末物語
笑えて泣けてするする頭に入る

房野史典

幻冬舎文庫

超現代語訳　幕末物語

笑えて泣けてするする頭に入る

はじめに

幕末は、現在の日本とそっくりです。

これについて説明する前に、もう一つ言わせていただきます。

中身がわかると、幕末ほどおもしろい時代はありません。

1行目については、「こう書いたら食いついてもらえると思ってない？」と言われそうですが、嘘じゃありません。時代の転換期ってことで、共通点がたくさんあるんです。それは本書の中身を通じて、チラホラとお伝えしていきます。

では、3行目について。

その名の通り、江戸幕府の末期を指して《幕末》って呼びます。この時代、すっごく魅力的なんですが……その分、ちょいとややこしい。

以前、書かせてもらった戦国時代なんかは（『超現代語訳 戦国時代』という本を出してます。宣伝です）、おおざっぱに言うと、「攻めるぞー」「勝ったー。土地もらえたー」「負けた～」これだけです（これだけじゃないです）。

ところが幕末になると、武士だけの話じゃなくなり、〝朝廷〟や〝外国〟って存在がねっとり絡みついてくる上、政治要素もてんこ盛り。

もう、ぐちゃぐちゃです。

でも、
ぐちゃぐちゃだからこそ、おもしろい。

そして、この本は、ややこしい幕末からおもしろさを抽出するためにあります。

それでは、本編の事柄をよりよく理解していただくため、**ここで幕末の流れをメチャクチャ雑に、全部書いときます。**

「じゃあ、『はじめに』読めば、本編読まなくても幕末のことわかるじゃん」

と思われた方……はい、だいたいわかります。

ただ、ここでわかるのは大きな流れだけ。細部のおもしろさは、まだ体感できません（してくれても一向に構いません）。


では、幕末の流れ、まいります。

今から約160年前のお話。

当時の日本は、《江戸時代》と呼ばれるちょんまげ全盛期（もう終わりかけ）。

「安定の徳川（とくがわ）将軍だな」って感じで長く続いた江戸時代でしたが、《黒船》でやって来たアメリカの「貿易しよっか？」という脅迫のせいで、平和な世の中は終わりを告げます。

　今まで欧米とのお付き合いがほぼゼロだった幕府（政府だよ）は、テンパりにテンパりを重ね、外国の言われるがままに、国を開いて条約を結んじゃいます。

　これに怒ったのが、開国反対派のみなさん。「開国なんてしたら外国に侵略されるわ！」とブチギレ、「もう幕府ダメだから、朝廷（天皇のいる組織）推してこうぜ！」ってな流れをつくっていくんです。

　その行動にイラッとした幕府は、井伊直弼っていうおじさんをリーダーにして、開国に反対する連中をボッコボコ。生徒をたくさん抱えた、吉田松陰さんて先生のことも容赦なくボコボコです。

　ただ、井伊直弼さんがカウンターパンチくらって、《桜田門外の変》という事件で暗殺されちゃうから、幕府の権力は下がる一方。

　そこで、欧米との貿易を始めると、経済が潤い……ません。むしろ慣れない欧米とのカラみで経済はズタボロになり、やっぱり幕府の権力は下がる一方です。

　危機的状況を打破するため、幕府が考えた作戦は「朝廷との合体（協力）」。これも、全然うまくいきません。

　どんどん弱体化する幕府と入れ替わるように、グイグイ力を持ち始めたのが長州藩（山口県）と薩摩藩（鹿児島県）です。

その勢いはヤバすぎて、それぞれが単体でイギリスなんかの外国と戦争しちゃうほど。

特に長州の勢いは止まらず、京都で政治を操るまでになるんですが、目立ちすぎて薩摩と会津藩（福島県）に追い出されちゃいます。

わずかに京都に残った長州勢の悪巧みも、《池田屋事件》で新選組に打ち砕かれます。

ブチギレた長州は、京都に舞い戻って幕府や会津にリベンジをはかりますが、西郷隆盛率いる薩摩の活躍で、返り討ちに。長州はこのタイミングで、地元が外国にもボコボコにされ、「よく生きてるね」ってくらい、虫の息確定です。

幕府にとったら今こそチャンス！　調子に乗った幕府は「トドメを刺すぞ！」と長州に攻め込みますが、ここで立ち上がったのが土佐（高知県）の坂本龍馬。

龍馬は、薩摩と長州が仲直りして日本を引っ張っていかなきゃダメだと考えて、西郷隆盛と桂小五郎を引き合わせ、《薩長同盟》ってのを組ませるんです。

この同盟と、そして長州のヒーロー高杉晋作の活躍のおかげで、長州VS幕府の戦いでは、長州が奇跡の大勝利。

そのときの将軍徳川慶喜くんは「もう幕府やってけません」となり、《大政奉還》てやつで〝政治する権利〟を手放します。

しかし薩長は、「そんなもんじゃ許さないよ」と、《王政復古の大号令》ってのを発動し、幕府自体をぶっ壊すというダメ押しをかまします。

すると、「まだまだ許さないよ」という薩摩&長州（新政府）と、「お前ら強引すぎるだろ！」と怒る幕府関係者（旧幕府）の間で、《戊辰戦争》ってのが勃発。

江戸の町は、旧幕府の勝海舟さんが西郷さんを説得してかろうじて守りましたが、各地の戦闘は、とんでもなく激しいものになります。

会津の松平容保や、新選組の土方歳三が、旧幕府軍として最後まで抵抗しましたが、戦いは新政府の勝利に終わりました。

そしてここから《明治》の世の中がスタートします。

とまぁこんな感じ。

今お届けした流れの中には、一つ一つの〝結果〟がありますが、本編では、その結果に至るまでの〝経緯〟を嚙み砕いてご紹介しています。

幕末のおもしろさはまさにそこです。

最後まで読み終えてもよくわからなかった場合は、あれです、ネットで調べてください。

ですので、最初にお伝えしたいのは、

「インターネットは便利」

ということです。

超現代語訳　幕末物語

目次

第一章 長い鎖国が解かれ、日本が開かれるとき

第二章　混乱、混迷、ぐっちゃぐちゃ

第三章 新たな時代の足音が聞こえる

本文デザイン　水戸部 功
イラスト　曽根 愛

エピソード0

敷かれたレールの上を歩いてたらブッ壊れ始めたんです

幕末とは「江戸時代の末期」のこと。この頃の世の中の感じ、まず最初に知っておいて！

では、〝幕末エピソード0〟です。

ここでは、

「聞いたことあるような、ないような……で、これなに？」

って事柄を、説明していきますね。

今から お話しすることを知っとかないと、幕末というゲーム、1面もクリアできません（たぶん）。

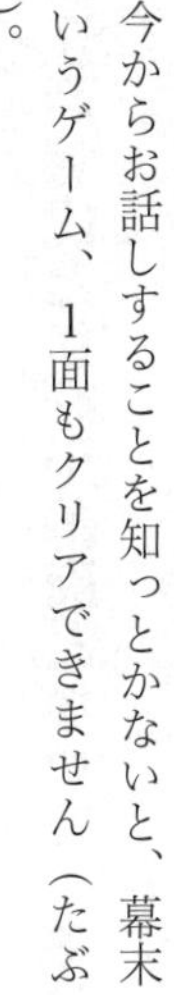

まず最初は、

「江戸時代とか徳川幕府とかって、マジ何のこと?」

です。

話は、今から500年以上前までさかのぼります(さかのぼらせてね)。

日本全国に〝戦国大名〟と呼ばれる武士が現れて、「日本国内ずっと争いが続いてる」ジョータイの、〝戦国〟という時代がありました。

で、そんな時代にピリオドを打つべく、「これに勝った方が、天下治めるんじゃね?」の戦いが行われたんです。それが、

関ケ原(せきがはら)の戦い

って呼ばれてるやつ。

これでバトったのが、

徳川家康(とくがわいえやす)さん率いる《東軍》

と、

石田三成(いしだみつなり)さん率いる《西軍》

です。

その結果は、

勝者＝家康さん率いる《東軍》でした（この辺は、『超現代語訳 戦国時代』をお読みください。宣伝です）。

戦いに勝った家康さん、そこから、「土地を分けるよー」の作業を行うんですね。

家康「はい西軍のみんな並んでー。君たちは戦いに負けたから、土地をケズります。もしくは全部ボッシュー」

西軍のみんな「え〜〜〜!? マジかよーー!!」

家康「はい今度は東軍のみんな。みんなは頑張ってくれたから、土地を増やしてあげます」

東軍のみんな「イッエーーーーイ!!」

ま、こんな感じ（カンタンに言うとですよ）。

そして、関ヶ原の戦いから3年後、家康さんはドラマなんかでもよく聞く、やたらエラいやつ、**征夷大将軍（せいいたいしょうぐん）（武士のトップだよ）**に任命されます。

で、**江戸**ってところに、**幕府（ばくふ）**（今で言う政府だねー）を開く。

これで**《徳川幕府》完成。**

《江戸時代》のスタートです。

しかし、《幕府》のことがわかっても、これ知らなきゃ、幕末が前頭葉を上すべりしていくので、
藩(はん)ってやつを覚えといてください。

こちら、今で言う〝都道府県〟みたいなもん。

支配するエリアと、そこの組織のことを、〝藩〟っていってたんです（長州(ちょうしゅう)藩とか薩摩(さつま)藩とかいうアレ。当時、公式には〝藩〟って使ってなかったらしーけど)。

ただ、藩と幕府の関係を現代に置き換えたとき、一番近いと言われているのは、アメリカなどの〝連邦制〟で、

藩↓(アメリカの)州
幕府↓アメリカ合衆国連邦政府

という感じになります（あくまでたとえね)。

ま、藩と幕府の関係性は、

「全国にそこそこ強ぇーやつら（藩）がいて、それをまとめてるイッ……チバン強ぇーやつ（幕府）がいた」

でほぼ合ってます。ちなみに、このシステム《**幕藩体制**》っていうよー。

んで、声を大にして言いたいのはここから！

さきほど藩は、「都道府県みたいなもん」とほざきましたが、あくまで〝みたいなもん〟です。

現代の都道府県と違って、そこには〝種類〟があり、〝差〟がありました。

その種類は、〝徳川家康基準〟でつくられており、
家康の……

一族んとこ！　↓**親藩**！

家来んとこ！　↓**譜代**！

ごく最近家来になったとこ！　↓**外様**！

ってカテゴリー分けがされていたんです。

【カテゴリー1：親藩】

こちらは、徳川家康のお子さんや一族が藩主（＝殿ね！）の藩です。
中でも、家康の子供が初代を務めた、
徳川御三家
ってところは、特別扱いスペシャル親藩（尾張藩、紀州藩、水戸藩だよ）。
なんでスペシャルかって、「おい！　今の将軍に子供いねーぞ！」って緊急事態のときは、この御三家から養子が届いて、将軍になっちゃうからです（デリバリーされてたわけじゃないよ）。
さらに、江戸時代の途中に、「おい！　養子出すとこ、増やしといた方がいいんじゃねーか!?」って理由で、御三家みたいな〝家〟が3つ増えます。
「聞いたことねーよ」って言われるの覚悟で書きますが、
御三卿
というやつ（田安家、一橋家、清水家だよ）。
あまり知られてない御三卿かもしれませんが、この中の一つが、実は幕末に深く関わるお家なんです……。
どーれだ。

【カテゴリー2：譜代】

譜代は、家康さんのお家にむかーしから仕えてきた家来が、藩主（＝殿だよ！）になった藩です（江戸時代の途中に、外様大名が幕府に願い出て、譜代大名の扱いになった家もあったんですがね）。

【カテゴリー3：外様】

一方、関ヶ原の戦い前後に、家康さんに従ったとこを《外様》って言います。

現代でも「よそ者」みたいな意味で、〝外様〟って使われますが、まさにそれ。

おんなじ外様でも、

関ヶ原の戦いの前や最中に「やっぱ家康さんスゴいや！　家来にして！」ってとこと、

関ヶ原の戦いに負けて「負けたんで……仕方なく従いまーす……」ってとこは、多少違いがあるんですけどね。

さて。幕府の政治をやっていたのは、将軍と、この中の藩のお殿様なんですが、一体、どの藩でしょうか？

それは……**譜代**なんですよ。

なんか親藩の方が偉いっぽいから、幕府のことやってそうなイメージですけど、実は譜代なんです。

譜代は、

老中（今で言う大臣クラス）

や、

若年寄（老中の次に偉い）

というポジションになれる資格がありました。

かたや、親藩と外様の藩主は、幕府の政治にいーっさい関わらない。てか関われない。

これ、なーんでか？

それはね、徳川家が、

〈地方大名の頃からのやり方を、天下取ったあとも続けてた〉

から。

戦国時代、徳川家の政治や経営をやってたのは、当然、家康とその家来ですよね？

徳川さんてば、全国統一したあと、そのやり方をそのまま大きくしちゃいます。

だから、幕府の政治をやるのは、徳川家のトップ（将軍）＆家来（譜代）になった、というわけです。

これ、現代で考えても「あ、まーね」となります。

どこぞの社長を想像してみてください（社長の方は、ご自分を当てはめて）。

会社を動かすのは、社長（将軍）と社員（譜代）。

社長の子供たちや親戚の人（親藩）は、当然その会社の経営とは無関係ですよね（同族経営やコネ入社は別ね）。

ましてや、最近知り合った外部（外様）の人になんか、経営を任せるわけありません。

これとまったく同じ原理です。

幕府の政治をする権利を、親藩や外様に、一切与えない。口出し無用。

このルールを守り続け、250年以上むっちゃくちゃ強い権力を保っていたのが、徳川幕府という機関……いま声を大にして言ったんで、ぜひ覚えといてください。

以上、『幕府と藩。切っても切り離せない互いの慕情』でした。

さて、ここまでは全部〝武士〟のお話。

幕末には、そうじゃない人たちも大いに絡んできます。

お次は、

「《朝廷(ちょうてい)》って……なに？」

朝廷ってのは、天皇をトップとした、公家(くげ)（貴族さん）たちがいる政府のこと。です。

ん？　幕府も政府で、朝廷も政府？

政府が2つあったの？

はい、あったんです。

おじいちゃん（誰かの）「遠い昔、政治は朝廷が行ってた。でもね、日本の歴史に武士が登場すると、政治をする権限が、武士の方に流れていっちゃったんだ。ショギョームジョーだね」

孫（どこかの6さい）「じゃ、朝廷ってなくなったの？」

おじいちゃん「いいや。朝廷はちゃーんと残ってたよ。役職や地位……これを官位っていうんだけどね、官位を授けるのは、朝廷であり、天皇だったんだよ。それは、戦国でも幕末でもずっとそう」

孫「そうなんだー。今でも、内閣総理大臣は、民主主義的に選ばれるけど、任命するのは天皇だもんね。そんな感じ？」

おじいちゃん「……よく知ってるね……確かにそんな感じだよ。幕末でも、朝廷は政治をやってなくて、幕府に任せてたんだ。言い方悪いけど、当時の朝廷は、『勢いはなくなったけど、ずっと残ってる老舗ブランド』、そんな感じだね」
孫「では……」
おじいちゃん「では!?」
孫「では、本来でいえば、『将軍も、幕府という政府機関も、全国の武士全員も、みんな朝廷に仕える身で、天皇の家来』ということですね」
おじいちゃん「……もう気持ちわりぃよ……大正解だよ……。本来はそうなんだけど、政治をしてたのは幕府で、権力を振りかざすのも幕府だったんだ。学校の部活とかでも、『定年間近、かつスポーツの知識ゼロの美術の先生が、バスケ部の顧問』みたいなことあるでしょ？　形式上、先生はバスケ部の監督だけど、ホントにその部を仕切ってるのはキャプテンなんです、的な。練習メニュー考えるのも、試合中の指示も、そのキャプテンが全部やる。まあ、それと似てるかもね」
孫「んー……部活よくわかんない……」
おじいちゃん「おい、そこは6歳かい」
孫「あ！　スラムダンクの藤真（ふじま）ってこと？」

おじいちゃん「おじいちゃん、それ知らねーや」

というのが、朝廷と幕府の関係性でした（わからなかった方、ここですよ、ネットの出番は）。

続いては、〝用語〟。

とんっ……でもねー頻度で登場するから、こいつらだけは、もー先に解説します。

【尊王】

天皇を敬うという考え。これ本編でメッチャ出てきます。

【攘夷】

〝夷〟っていうのは、〝夷狄〟っつって、外国人のことです。外国人を攘う。つまり、「外国人を追っ払え！」ってことですね。「外国人を襲撃しろ！」も攘夷だし、「結んだ条約を解消しろ！」も攘夷です。いろんなパターンの攘夷がありますが、とにかく「外国や外国人を入れないし、入ったら追い出す！」って考えを攘夷と言います。これも本編でメッチャ出てきます。

【尊王攘夷】

尊王と攘夷の合体技。「王（天皇）を尊び、外国の人を追い払え！」って意味。まんまです。何を隠そう、本編でこれが一番出てきます。この考えを持った人を**《尊王攘夷派》**とか、略して**《尊攘派》**なんて呼んだりするんで、要チェックです。

幕末ってのは、やたら
「攘夷だ！　攘夷!!」

って言葉が飛び交い、

「もう幕府なんかに政治を任せてらんねー!!」

という展開になっていきます。

ネタバレちっくですが、そもそも歴史って全部ネタバレしてるもんなんで。ええ。

ちなみに、**《鎖国》**や**《倒幕》**といった重要ワードは、エピソード1以降でご説明したいと思いますので、乞うご期待。


それでは最後に、幕末を鮮やかに彩った〝藩〟のバックボーンをご紹介して、エピソード

0に終止符を打たせていただきます。

【薩摩藩】

現在の鹿児島県あたりや、沖縄県（琉球王国）も支配下に置いた藩です。藩主の「島津」さんてのは、戦国時代に、九州統一目前まで迫った、ちょーやり手。でも、関ヶ原では西軍についちゃったんで、負けた側です。なので、家康さんから土地を減らされることに……なってません。

これが、なってないんです。

ハイレベルな交渉を繰り返し、家康さんに、

「もう……じゃいいよ！　島津くんとこの土地はそのまま！」

と言わせちゃったのでした。

西軍の大名がバシバシ土地を減らされる中、唯一自分たちの領地を守りきったミラクル集団。

そのおかげで、薩摩は全国の中で、№2の石高を持つ藩になります。ちなみに№1は加賀藩です。石川県と富山県のあたりね）。

それが幕末まで続き、特に力を持つ藩となった……。これが、薩摩藩です。

【長州藩】

現在の山口県を治めたのが長州藩です。

戦国時代、安芸（広島県）に毛利元就というカリスマが登場して、中国地方ほぼ全域を治めちゃいます。

その孫の毛利輝元ちゃん、関ヶ原では西軍（負けた方ね）の総大将をやっちゃったから、

家康「はい、減らすー」

フツーに土地を減らされます（もしかしたら減らされないかも？　って瞬間はあったんですけどね。やっぱダメでした）。

しかも、グヮバッ！　と減らされて、元の領地の約4分の1になってしまいました。

そのことがあってか、外様の藩として江戸時代を過ごす長州藩には、「これ、かなり根に持ってるよ……」ってエピソードが。

毎年の年始の挨拶になると必ず交わされるのが……。

家臣「殿、今年はいかがいたします？」
殿「いや、まだじゃ」

というやり取り。これはつまり、

家臣「殿、今年は徳川を討ちますか？」
殿「いや、まだその時期ではない」

という意味。

何代にもわたって、なんと200年以上このやり取りをやってたわけで、もう褒めてあげなきゃのレベル。

でも、この話はウソかもなんですって。

「長州藩、こんな気持ちだったんだよー」って表すために、誰かがつくったのかな？


【土佐藩（とさはん）】

現在の高知県を治めたのが土佐藩です。

もともと土佐を治めていたのは、長宗我部さんて大名。

しかし、こちらも関ヶ原の戦いで西軍についたため、土地を減らされ……るどころじゃなく、なんとボッシューされちゃいます。

そう、土佐から長宗我部さんいなくなるんです。

で、その土佐を、家康からもらったのが、山内さんて大名。

山内さんは徳川家に恩がありますから、「代々、幕府LOVEです」っていうのを覚えておいてもらうと助かります。

そして、土佐藩といえば、日本史の中でも1位、2位を争う、人気の〝あの人物〟を生んだ場所……。

それは本編が始まってからのお楽しみです（ま、バレてるでしょうが）。

【会津藩】

現在の福島県あたりを治めたのが会津藩です。

2代将軍徳川秀忠には、静という女性にこっそり産ませた男の子がいました。

秀忠「おい、このことは言うなよ！　別に、江（秀忠ワイフ）が怖いってわけじゃないぞ。とにかくお前らだけで止めとけ！　最悪、他のヤツにバレたとしても、江が怖いってわけじゃないけど、江にだけは知られるなよ！」

家臣「……別に誰にも言わないっすけど……素直に怖いって言えよ」

江が怖かったかどうかは定かじゃありませんが、この男の子のことは、数名しか知らない事実。

しかし、秀忠の息子である3代将軍徳川家光（いえみつ）はあるとき、

家光「え？　オレに腹違いの弟いるの？……親父ぃ～」

知っちゃいます。

その後、異母弟、

保科正之（ほしなまさゆき）

に会った家光は、

家光「すっごいいい感じの異母弟じゃん。気に入ったよ異母弟！　じゃ異母弟は会津藩

の藩主！」


お気に入りすぎて、会津藩の藩主にバッテキしちゃいます。

家光は、亡くなる直前でも正之に「異母弟……宗家（本家）を頼む」と伝えるほど、弟を信頼していたのでした。

自分を取り立ててくれ、頼ってくれた家光に深く感謝した正之は、

「会津家訓十五箇条」(あいづかくんじゅうごかじょう)

というものをつくります。

その第一条には、

「徳川の将軍に、一生懸命尽くすべきで、それは、他の藩と同じ程度で満足するようなものじゃダメだよ！　もし、将軍家に背(そむ)いたり、裏切ろうとする藩主がいたら、そんなヤツは私の子孫じゃない！　みんな、そんなヤツに従ってはダメだからね！」

って感じのことが書かれてました。

何があっても徳川幕府に忠誠を誓う――。

この家訓を代々ちゃーんと守り続けていったのが会津藩なんですが、幕末では、これが思わぬ障害になっちゃうのでした……。

というわけで、主要な藩の性格を、むちゃ簡単にご紹介したところで、エピソード0終了。

そして第一章から、本当のエピソードが動き出します。

幕末は、江戸時代の末期、幕府の末期です。

どんなに揺るがないものでも、時を重ねれば、ほころびが生じてきます。

250年以上という長い時間を経過した幕府にも、あちらこちらにほつれが出ていたのです。

そこへ、ダメ押しとなる存在が登場。

〝彼〟が、大きな船を4隻（せき）従えてやって来るところから、それはスタートします。

第一章

長い鎖国が解かれ、日本が開かれるとき

エピソード1

漆黒が来た！　え、なに？……「オトモダチニナリマショ」って言ってる！

みんな知ってる「黒船来航」。コレで日本は、「鎖国」をやめました！

幕末という時代を語る上で、このワードだけは避けて通れないってのが、そう、

鎖国。

この言葉も

「あのーあれだろ……。日本があのー……引きこもったやつだろ」

みたいなイメージの人が多かったりするんで、ちょいと説明させていただきます。

大多数の人が、鎖国って聞いたら「海外との貿

易を一切やってない」という印象だと思いますが、これ実は正確じゃないんですよ、奥さん（奥さん以外にもお伝えしたい）。

正解は、

「鎖してないんだけどなぁ……でも鎖されてるって言われても、まぁ……しょうがないか」

です。

実は幕府、〝相手〟と〝場所〟を絞って、海外貿易をやってたんです。

長崎――オランダや清（中国）
対馬――朝鮮
薩摩――琉球
蝦夷――アイヌ

という、限定キャンペーンで（ちなみにこの4つの場所を、〝四つの口（四口）〟なんて呼んだりします）。

だとすると、ギモンに思っちゃうのは、

「なんで欧米とはほとんど関わらず、限られた相手とだけの貿易だったんだ？」

これでございまさぁーね。

それにはこんなような理由が存在していたんです。

◆理由その1
かつてはね、ポルトガルやスペインなんかも、日本に来てたんです。

でもそこでネックになったのが、〝キリスト教の布教〟ってやつ。

幕府、ふと思ったんです。

「日本がキリスト教徒だらけになったら、支配しにくいよなぁ……。そいつらが団結して反乱とか起こしたら、もう最悪……。てかヨーロッパのやつらが、この国を侵略する準備のために、宣教師を送り込んだってウワサも聞いたぞ……。で、信者が増えたタイミングで軍隊がやって来て………。禁止〜！　キリスト教も、外国の船が来るのも禁止！　日本人が勝手に海外へ行くのも禁止！　すでに行っちゃってるやつが日本に戻ってくるのも禁止！」

となったわけです。

◆理由その2
もし大名が、勝手に外国と貿易しちゃったら……。

幕府、ふと思ったんです。

「そこの藩がお金もうかって、力つけちゃって、幕府に刃向かってくるんじゃね……？

禁止〜！　外国と勝手に貿易するの禁止！　ん？　逆に言えば、外国との貿易を幕府が仕切ったら、幕府だけ潤うんじゃね……？　認める〜！　幕府が許した貿易だけは認める！」

となったわけです。

この2つの理由から、〝幕府と幕府が認めた藩〟のみが、〝キリスト教を信仰してない中国や朝鮮〟とだけ貿易してたんですね。

良い質問する人「ちょっと待って。オランダもキリスト教を信仰してる国だよね？　なんで日本と貿易できてんの？」

それはですね……。

オランダの人「キリスト教の布教とかしないっす！　自分ら純粋に貿易だけがしたいっす！　目を見てください！」

幕府の人「……キレイな目〜。いいよ！　長崎住んで貿易しな！」

オランダの人「オー！　ダンクウェル！」

幕府の人「うん！　なんて言ったかわかんないけど！」

という感じで、日本との貿易を続行できたんです（最初《平戸（ひらど）》、そのあと《出島（でじま）》ってとこに移るよー）。

なので、オランダ以外の〝欧米〟から見た日本は、

「……だ、国鎖（とざ）してんじゃん！　鎖国じゃん！　そう言われても仕方ないことしてるよ！」

となってたわけです。

でも、日本が鎖国やっちゃってる間、海の向こうでは、

「ウソ……でしょ……」

という変化が起こっていました。

アメリカやフランスでは、支配者と戦い、市民が政治に参加するようになった戦争が起こります。

これを、「この支配からの卒業戦争」と言います。ウソです。

《アメリカ独立戦争》とか**《フランス革命》**ってやつです。

また、イギリスでは、工業が機械化されて、移動手段がちょー便利になった革命が起こります。

これを、「ちょー便利になった革命」と言います。もちろんウソです。**《産業革命》**ってやつです。

蒸気機関ってのが開発され、機械で動く蒸気船や、蒸気機関車が登場したのがこのとき。

民主的になって、科学的になった欧米のみなさんは、〝近代化ちゃん〟にこれからもどうぞよろしくね、しちゃってたんですね。

何もかもが、違います。

今までと何もかもが。

中2や高2の夏休み明け、やけに大人びて登場する同級生よりも違うんです（ここは、みんな、各々(おのおの)のたとえを見つけてみてください）。

この変化……現代人が、PC、ネット、スマホ、SNSを体感したときの衝撃と、どちらがすごかったんでしょう（どう思います）？

そして、日本が〝江戸ってる〟間、ヨーロッパ&アメリカは、新しい市場と、原料をゲットできる場所、いわゆる、**植民地(しょくみんち)（その領土、支配しちゃうぜ）**を求めて、海外へとお出かけします。

ターゲットとなったのは……

アジアっす。

清（中国）にはイギリスが来て、アヘン戦争ってのが起こり、もう大変（これホント大変だったの）。

日本「え!? あの強かった清が負けた!?」

ビビりまくってる日本にも、ロシア、フランス、アメリカ、イギリスの船が現れ、

欧米「仲良くしてくれよ！」

日本「いや、無理よ！」

こんなやり取りが繰り返されていたのです。

そんな中、ついに〝あの艦隊〟がやって来て、日本の運命、変わります。

嘉永（かえい）6年6月3日（1853年7月8日）。夏の日。夕方。

浦賀（神奈川県横須賀市）沖に、巨大な〝黒い物体〟が、出現。

やがて〝それ〟は、浦賀の人たちの目にとまります。

ナニカ……チカヅイテル…………。

静かにザワッとする浦賀。

マックロデ、デカクテ……。

驚きと恐怖を少しずつ確認する浦賀。

バケ……モノ…………？

得体が知れなくて、ナニがナンだかさっぱりわからないけど、とにかく叫びたい……

浦賀の人たち「なんだアレは――――――!!」

デカい大砲を積んだ、バカデカくて黒い船の一団。

サスケハナ号、ミシシッピ号、サラトガ号、プリマス号の4隻。

乗っているのは、
マシュー・カルブレイス・ペリー（ジョン・レノンかペリーかってくらい有名人）。

幕末の激動をアメリカから運んできた《黒船来航》の瞬間です。

浦賀の人「な、なんだアレ!?　船…だよな……？　デケーー!!」
浦賀の人「黒い船が黒い煙上げてる！　キモーい！」
浦賀の人「おい！　おい!!　波とか風とか関係ナシに進んでんぞ！　怖(こ)ぇーー!!」
浦賀の人たち「デケーー!!　キモーい!!　怖ぇーーー!!」

日本人にとっては初めて見る蒸気船。

もちろん浦賀の騒然、とまりません。

勝手にグイッと入ってきた黒船たちに、浦賀奉行所（お役人）のみなさんも慌てフタめきちらします。

ちっこい船を近づけ「国に帰って！　ここに止まらないで！」と紙に書いたメッセージ（フランス語だったらしい）を掲げますが、黒船の人たちガン無視。

その中で、役人の中島三郎助(なかじまさぶろうすけ)さんは、通訳さんを連れて黒船にちょー接近します。

通訳「あのー!!　私オランダ語はできますー!!　船に乗せてもらえませんかー!?」

黒船の人「ダメです。浦賀のちょーエラい役人さんとじゃなきゃ話しません」

通訳「……まいったなぁ」
中島「なんだって？」
通訳「エラい人とじゃなきゃしゃべらないそうです……」
中島「あ、そう……。ま、じゃいいや、オレのこと副奉行って伝えて」
通訳「え？　中島さん副奉行じゃないじゃん」
中島「そうだよ。でも乗せないってんならしょうがねーじゃん」
通訳「……ま、しょうがないか。すいませーん！　この人！　隣のこの人！　浦賀奉行所のNo.2です！」
黒船の人「乗りな」

ウソついたら乗れました（No.2ってウソついたのはホント）。

黒船の人によると、ペリーさんは「日本の将軍へ、大統領のお手紙を渡しに来た」とのこと。

そういう交渉は長崎でやってくれと言う中島さんですが、「江戸に近ぇ（ちけ）ーから浦賀に来たんだ！」と主張する黒船の人たちは、全然動こうとしません。

困った中島さんは、上司と交代することを告げ、その場を去ります。

あくる日。

香山「中島より立場が上の、No.1、香山と言います（これまたウソ。中島さんと立場は一緒）。お手紙を受け取るかどうか、江戸にお伺いを立ててみます。なので、返事来るまで4日待ってもらえませんか？」

黒船の人「は？　この船だと1時間で江戸に行けるんだ。4日間なんて待てるわけない！」

香山「1時間で……!?　じゃ、4日なんて待てませんよね……」

黒船の人「4日は無理だ。3日待ちます」

香山「あ、え？　3日は待てるんだ……。え…と……ありがとうございます！」

3日間待ってもらえました（らしいっすよ）。

一方その頃、「アメリカ艦隊が来た」という知らせを受けた幕府は……

「アメリカが!?　やっぱりなーー!!」

そう、実は幕府、アメリカが来ることを事前に知ってたんです。

オランダ「幕府さん！　アメリカが、開国を迫りに、近々日本を訪れるらしいよ！」

仲良しオランダさんから定期的に届く「オランダ風説書（ふうせつがき）」「別段風説書（べつだんふうせつがき）」という書類によって、幕府は海外の情報もゲットしていたんですね。

こうして予想通りにやって来たアメリカは、こっちの法律をムシして浦賀に現れ、大砲積んだとんでもねー船をバックに、手紙を受け取れと迫ってくる。

幕府は認識します。

「あ……これ脅されてるわ」

老中1「どーーーすんだよ！　ペリーとかいうやつ、浦賀あたりで手紙受け取れって言ってんぞ!!」

老中2「ダメに決まってんだろ！　呼ばれてもねーのに飛び出てジャジャジャジャジャーンな欧米とは、長崎でしか対応しないって法律だろ！」

老中1「んじゃ、断って大砲撃（う）たれて戦争になってジャジャジャジャジャーンでもいいんか、テメーは！」

老中2「そうは言ってねーよ！　てかジャジャジャジャジャーンてなんだ！」

老中1「オメーが言ったんだよ！」

危機的状況にジャジャジャジャジャーンが止まらない幕府ですが、老中首座（今で言う内閣総理大臣かな）の、**阿部正弘**さんて人、バシッ！　と決めます。

阿部「みんな静まれ！　いいか、外国とのやり取りはすべて長崎で行うと決まってる！　浦賀で手紙を受け取ることなんてできない！……だからもう今回だけだ！」

法律曲げることを決めます。
結局、お手紙は浦賀付近で受け取ることに。

阿部の部下「阿部さーん！　アメリカ大統領からの親書（お手紙）届きましたー!!」
阿部「そうか！　なになに……
『アメリカ合衆国大統領　フィルモアより　日本の皇帝陛下（徳川将軍のこと）へ

ねー、アメリカとお友達になって、商業上のお付き合いをしません？（長いのではしょります）アメリカはさー、中国に行ったり、捕鯨（クジラ捕まえちゃう）したりすんの。だからもし、日本の近くで船が難破したら、乗っていた人を保護してあげてほしいんだ。あと、航海が長いから、日本で一休みさせて。そんとき、お支払いはするから、石炭ちょーだい、食料ちょーだい、水ちょーだい。港開いてちょーだい、貿易してちょーだい。　フィルモアでした』

……厚かましいわーーー!!」（もっと丁寧な文章で、もっと長いデス。要点だけまとめると、こんな感じ）

予想通り、「国、開いてくれよー」的な文章。

お手紙読んで、幕府はゲロへこみ。

しかし、そんなゲロ幕府のみんなを勇気づけるように、阿部さんはドシャッ！　と決めます。

阿部「お手紙受け取ったんだから、ソッコー帰ってもらおう！　で、その後どうするか考えよう！」

後回しにすることを決めます。

幕府は、そっちの要求のんだんだから早く帰ってくれと、ペリーさんにお願い。

ペリー「いいけど、手紙の答えをもらいに、来年の春また来るからね」

幕府側「……黒船、4隻全部引き連れて来るんすか……?」

ペリー「全艦率いて来るよ。この4隻は艦隊のごく一部だし。もっと増えるよね」

幕府側「あ……あ………が……」

ラディッツやっと倒したのに、次くるサイヤ人もっと強いパターンのやつ(わからない方は存分にスルーしてください)。

アメリカが……来年パワーアップして帰ってくる……。

いよいよ迫られる本当の決断。

要求をのんで開国か、断って攘夷(外国人追っ払う)か。

仲良く or 戦争。

今度こそ、正真正銘のガケップチ——。

阿部の部下「阿部さん、どう…しましょ……？」
阿部「よし！　決めた!!」
阿部の部下「おっきい声！」
阿部「国開くか、戦争になるかはわからんが、今できる最善のことをやる!!」

阿部正弘、改革モード突入。
阿部さんは、幕府のルールをブチ壊していくんですね。
「外国人はゼッタイ追い払う！」と叫んでる、とってもジョーイ（攘夷）おじさん、
前水戸藩主・徳川斉昭(なりあき)
って人を、御三家なのに幕府の政治に参加させたり。
海防掛(かいぼうがかり)（今で言う〝防衛省〟みたいなもんかな）ってやつに、身分も、年齢も関係なく、
永井尚志(ながいなおゆき)
大久保一翁(おおくぼいちおう)
岩瀬忠震(いわせただなり)
っていう、才能ある人たちをバッテキしたり（他にもいるけど、このあと登場する人の名

前だけセレクトしたよ)。

まだまだ続くブチ壊し。

徳川幕府では、将軍や老中の決定がすべてで、下の者の意見を聞く機会なんてありませんでした。それを、

阿部「みなさーん! 国の大ピンチです! みんなの意見を聞かせてください!」

阿部の部下「ちょっと阿部さん! そんなことしたら……」

阿部「今は日本全体で力を合わせなきゃダメなときです! みなさん! 意見をお願いします! 身分なんて関係ありません! 大名だろうが、庶民だろうが、エラかろうが、エラくなかろうが、みなさんの声を大大大募集します!!」

【阿部正弘】意見募ってみた【幕末】

ガチでみーんなから意見募るんです。

ポンコツ意見もドシドシ届くんですが、大久保一翁さんや阿部さんは、ゴミ山の中からダ

イヤを見つけます。

「外国の攻撃を防ぐには軍艦がいるけど、今は江戸のガードを厳重にして、おいおい軍艦を用意しましょうや。軍艦の建造と、それに関わる人件費ってやつにゃあ、ベラボーな金が必要だ。国民の税金からだと反発を招くことウケアイだから、開国して、貿易で得た利益をその費用にあてるってのはどうだい。それにだ、軍に関する制度や訓練を、西洋風に改革しなきゃなんねぇ。そのためには人材だ。最新の勉強ができる学校を設立した方がいいだろうな」（もちろん丁寧に書かれてました。「おそれながら……」的なトーンで）

大久保一翁「な……なんじゃこりゃ」

阿部「素晴らしい意見書だ！　えーと、これ書いたやつの名前は……」

この海防意見書の作成者こそ、まだ幕府の下っ端役人という立場だった、**勝海舟**だったんです（勝さんはこの意見書をキッカケに、幕府の中で出世していくよー）。

阿部さんの改革――。家柄が優先されるこの時代に、肩書や身分に関係なく、優秀な人材と意見を集めるというやり方は、素晴らしいものだったと思います。

でもこのやり方には、とんでもないデメリットが待ち構えていました。

幕府って、２５０年以上も「将軍様の命令は絶対」方式でやってきたのに、みんなからの意見を募っちゃったことで、

「あれ？ これ、幕府の決定力なくなってるってこと？ 力弱くなってんじゃん？ これなら、オレらも政治に口出せるぞ！」

という雰囲気が日本中に漂い、大名や朝廷ばかりでなく、もっと下の人まで幕府にもの申すようになる。

日本を思った阿部さんの行動で、圧倒的支配者だった幕府の権力が、音を立てて崩れ始めたんです。

この時代、社会を風刺した〝狂歌〟ってやつが流行ってたんですが、有名なものを一つ。

「泰平の眠りを覚ます上喜撰
たった四杯で夜も眠れず」

〝上喜撰〟というのは高級茶のブランド名。

「4杯飲んだらカフェインのせいで夜寝られない」ってのと、「〝蒸気船〟が4隻やって来ただけで、幕府は慌ててる」というのがかかっている歌です。うまい。

ペリーちゃんの訪問をきっかけに、日本は、それまで体験したことのない世界に足を踏み入れることになります。

開国を迫る、アメリカという脅威。

はたして、日本が導き出した答えとは……（予告っぽいですが、予告です）。

エピソード2
映画ヒットして聖地巡礼しててんのかってくらい来る
外国と貿易をするための条約を、日本、どんどん結んじゃう！

幕末エピソード2です。
それでは前回の軽いおさらいを。

ペリーちゃん、黒船で日本にやって来る。
↓
幕府大慌て。
↓
とりあえず、アメリカからのお手紙受け取る。
↓
ペリーちゃん「来年また来るよ」宣言。

←
みんなから意見聞いて、幕府、パワーダウン。

浦賀に突如現れた黒船。
さんざん振り回された徳川ジャパンは、「また来るよ」と言ったペリーさんに頭を抱えます。

幕府の人「いったんペリー帰ったけど、これからどうすりゃいいんだよ……」
幕府の人「あのー……。眉毛が八の字してるとこ、申し訳ありません。今度はロシアが来てますが……」

追い討ちをかけるように、今度はロシアのプチャーチンって人がやって来て、幕府は大いにグズります。

プチャーチン「仲良くしよっか？　ねぇー開国しようよ〜！」
幕府の人「ロシアもアメリカと同じようなこと言ってきた！　これ……どうすんのよ!?」

おもくそテンパる幕府ですが、それに負けじとテンパった人物が、香港にいたペリーさんでした。

ペリー「ヤバいヤバいヤバい！　最初に開国させてこそ、有利になることがいっぱいあるんだ！　他の国に先を越されちゃ、まずすぎる……日本行くぞ！」

ペリー部下「えー。真冬の海渡るのキツーい。ヤダー」

ペリー「文句言うな！　ほれ、タータターンターンターンターン♫」

ペリー部下「……タータターンターン……」

全員でアメリカ国歌を歌いながら（歌ってません）、予定前倒しで、再び日本にやって来ます。

予告通り、船増えて、7隻で日本到着（あとで追加されて9隻）。

日本側「……次に来るのは春って言ってましたよね？　こっちは、将軍様（12代家慶）が亡くなられて1年経ってないんです。バタバタしてるこの時期に来られても……。それに、ここ江戸湾（今の東京湾）すよ。前回浦賀で今回江戸湾……。さすがに江戸に近づきすぎです。あの、浦賀か鎌倉に移動してもらえませんか」

ペリー「ムリです。江戸行くから」

日本側「じゃ横浜」

ペリー「あーね」

ペリー、オッケーして、話し合いの場所は、横浜村（横浜市だよ）に決定します。で、移動して早速、

ペリー「お手紙の返答ください」

もう絶対、何らかの答えを出さなきゃダメ。もうちょい待ってよ、なんて言えない状況。こうなると大事なのは、〝ゆずれない〟部分をはっきりさせておくことです。

交渉にあたった、**林大学頭**（はやしだいがくのかみ）さん、ゆずれない願いを抱きしめます。

林大学頭「石炭や食料を提供するとか、難破したら保護するとかはオッケーです」

ペリー「マジで⁉　いいねー！」

林「ただし……〝貿易〟は無理です！」

ペリー「はにゃ？」

林「鎖国は日本の昔からの法律！　欧米との貿易はその決まりを破ることになる！　だから、貿易だけはできない‼」

ペリー「うん、別にいいよー」

ゆずれない願い、抱きしめてもらえました。

貿易をやったら、今まで築き上げた幕府のルールが崩れ、さらには、欧米に侵略される危険性も出てくる……林さん、そこだけは突っぱねたんです。

でも、ペリーさんは貿易以外の要求が通ったことに大満足で、それにオッケーサイン。

ということはつまり……。

200年以上続いていた〝制限された交流〟が……。

終わりです。

ペリー＆林「条約結ぶぞーーー‼」

ということで、**日米和親条約**って名前の条約が結ばれましたとさ（《神奈川条約》って言ったりもするよ）。

主な内容はこんな感じ（全部で12ヶ条ね）。

1．アメリカと日本は、永久に仲良しね。

2．下田港（静岡県）と箱館港（北海道）開いてね。ここでは薪、食料、石炭がもらえることにしまーす。

3．アメリカの船が難破したら、乗ってる人保護してね。

（中略）

9．今後もし、日本が他の国ともっといい条件で条約結ぶとするよね。そしたらその条件は自動的にアメリカにもあてはまることにしてー（〝最恵国待遇〟っていうよ）。

（中略）

11．下田に、外交官の人、置かせてね（これ、あとでポイントになってくる項目）。

このあと、場所を下田に移して話し合いが続き、細かい条約が決定します（《下田条約》

ってんだ）。

海外への窓を少しだけ開けた日本。

しかし、これから続く、異国との新鮮すぎる交流は、あっと驚く大ハプニングを続々箱買いしていくようなもん（間違えがちだけど、この時点では、まだ〝完全に開国〟してないよ。貿易オッケーしてないんで）。

さて、ペリーさん再来日からの条約で、「これまで以上に外国に備えるぞ」と、決心を固めたのが、

「もっと改革だーー!!」

と、幕府の中心で改革を叫ぶ阿部正弘。

諸藩がデケー船造るのを解禁したり（これまでは禁止されてたのよ）、人材を育てるためにいろんな施設をつくり上げたりします（講武所、長崎海軍伝習所、蕃書調所ってのつくりますよ。蕃書調所は東京大学のもとになった一つっす）。

前回からの色とりどりの改革をまとめて、

安政の改革

って言うんですが、気になったら気にしといてください。

そんなこんなで、外国がやって来ることに備えてたら……来るんですね、条約の噂（うわさ）を聞きつけたみなさんが。

イギリス「聞いたよぉ。アメリカと条約結んだんだってぇ？」
日本「な、なんですかあなたは！　急に来て……！」
イギリス「ずるいなぁ、アメリカとだけ楽しいことして……オレとも条約結んでくれよぉ」
日本「な、なにを言ってるんですか……そんなことできるわけな……」
イギリス「いいじゃねーかよ！」
日本「きゃっ！」

日英和親条約締結。

ロシア「オレもだ！」
日本「きゃっ！」

日露和親条約締結。

オランダ「こっちもだよ！」
日本「きゃっ！」

日蘭和親条約締結。

結んだというか、結ばされたというか、こんなに連続で結ぶ？　ってくらい結んじゃう幕府。

結んで（条約）、開いて（開国）、手をうって（合意して）、結んで（条約）、また開いて（開国）、手をうって（合意して）、その手を上に（お手上げ状態）……（房野オリジナル『むすんでひらいて幕末 ver.1』でした）。

結んで開き疲れた幕府。ですが、欧米のみなさんはまったく休憩をくれません。

開国ダ・カーポをかまして、またもや、Aメロアメリカの登場。

条約の中にあった「11．下田に、外交官の人、置かせてね」の約束通り、初代駐日領事（はじめて日本に住む外交官）、

タウンゼント・ハリス

が、どんぶらことやって来るんです。

ハリス「おじゃましまーす」

日本側「ちょちょちょちょちょちょちょちょ。あの……聞いてないです」

ハリス「え？　条約にあったでしょ」

日本側「あったけど、『両国（日本とアメリカ）政府が話し合ってオッケーなら』って、なってましたよ。まだなんにも話し合ってないですよね？」

ハリス「違いますよ、『両国政府の〝どちらか〟が、オッケーなら』ですよ。で、アメリカがオッケーなんで、上がらせてもらいます。多分ですけど、通訳するときに行き違いがあったんでしょう。どっちの言い分が正しいかなんて、お互いの政府レベルで話し合うこと。私の知ったこっちゃありません。ですので絶対上がります」

日本側「〝止めてもムダ〟感がすごい」

結局、ハリスさん上陸。

で、ソッコー、

ハリス「江戸に行って、将軍に会いたいです」

幕府「将軍様に！！？」

　幕府のみなさんの心臓が、「ヒャッ！」て声とともに、〝キュッ！〟となります。

そのときの日本人からすれば、外国人が日本の中心地へ入ってくるなんて、ましてや我らが将軍様に直接会うだなんて、考えられない……。

前例がない。アメリカ人得体が知れない。大事な人に、よくわかんないヤツを会わせたくない。イヤだイヤだイヤだ。

　幕府側のみなさんは、ハリスさんの要望をのらりくらりかわして、なんとか下田に押しとどめようと頭をひねるんですね。

下田奉行「ハリスさん、下田でお話ししましょ。ね？　ここはいいところでしょ？　下田でお話ししましょ！」

ハリス「下田でねぇ……じゃ、ちょいと条約でも結びますか」

下田奉行「じょ、ジョウヤク？」

ハリス「日米和親条約を、チョコッと補う感じのやつを結びませんか？」

下田奉行「補う…条約………あー、ですね！　結びましょ結びましょ！　いやー、結びたいな！　もう三度の飯より結びが好きです！　あ、これだとおむすびが好きみたいで、『おい！　それも飯だろ！』って言われちゃいますね？　ハハハハハハ！　さ、結びましょー!!」

ハリス「…………………はい」

日米追加条約（下田協約）ってのが結ばれます。

ハリスさんに満足してもらった下田奉行や幕府は、とりあえずひと安心。

「よかった〜」と胸を撫で下ろしている幕府に対して、ハリスさんは言います。

ハリス「で、将軍に会えるのはいつですか？」

それとこれとは別ハリス。

条約結んだら満足するのかと思ったけど、関係なかった。

ただただ条約を追加されただけ……やってしまった……。

これで幕府の心がポキッ……。

幕府「わーーかりましたよ!!　じゃ、もう江戸に来てください!!」

ハリスさんの江戸行き、将軍との会見、決定。
そして、何万という見物人が騒ぐ中、花のお江戸にハリス見参。
ついに、13代将軍・徳川家定(いえさだ)との会見です。

ハリス「ずっとお友達でいましょ!　これ大統領のお手紙です」
家定「手紙ありがとう。お友達でいましょ!」

終わり。淡白。イェイ（ギュッとまとめるとこんな感じ）。

しかし、本当の目的はここから。
ハリスが江戸に来た理由はただ一つ……
〝貿易〟の約束を取り付けるためなんですから。

そのための交渉相手にふさわしいのは、リアルに政治を動かしてるやつ。

ハリスさんのターゲットは、老中首座（総理みてーなやつね）のバトンを阿部正弘さんから引き継いだ、**堀田正睦**（ほったまさよし）さんて人でした。

将軍との会見から数日後、ハリスっちは、堀田っちへ言います。

ハリス「ねぇねぇ。今度堀田っちの家行っていい？」

堀田正睦「うん。いいよー」

ハリス「じゃみんなに声かけといて〜」

というアポがとられ（かわいいね、こんなんだったら）、堀田正睦邸に、ハリスと幕メン（幕府のメンバー）が集合。

しかし、集まった幕メンは、ハリスにとんでもねー武器でぶん殴られることになるんです。

その武器の名前は、〝スピーチ〟。

ハリス「いいですか、蒸気機関などの登場により、世界はガラリと変化しました。この国も今のやり方を捨てなければならない。しかし、あなたたちの器用さと勤勉さがあれば、日本は偉大で強い国になる！　そのためには!!」

幕メン「(ビクッ！)」

ハリス「いいですか……我々との貿易です」

幕メン「(ゴクリッ)」

ハリス「貿易は日本に大きな収益をもたらし、それによって立派な海軍を持つこともできる！　そして……ここからは忠告です」

幕メン「(ドックン……)」

ハリス「日本は今、(ゆっくりとしゃべり出す……) いろんな国から狙われています」

幕メン「(ドキッ！)」

ハリス「(ここからまくしたてるように) もう少ししたらいろんな国が艦隊を率いて、無理やり開国を迫りに来るでしょう。それを断れば戦争の可能性もある！　他の国が出す条件は、私たちのように穏やかなものじゃありません。イギリスやフランスは、今はまだ清 (中国) との戦争で忙しいので、日本を訪れてないだけだ！　そっちの戦争が終われば必ず来る!!　(そしてゆっくりと) これは……必ず……です」

幕メン「(ブルブル……)」

ハリス「さらに言うとロシアも来ます！」

幕メン「(ブルブルブルブル……)」

ハリス「そして、過酷な条件を突きつけてくるでしょう。ただし!! 我々アメリカと平和な通商条約を結んでおけば、他の外国に口をきいてあげることができる。(ささやくように)『アメリカと一緒の条約にしようじゃないか』……と」

幕メン「！」

ハリス「アメリカは日本の盾(たて)となって、あなたたちを守りたい！」

幕メン「(うるうる……)」

ハリス「いいですか……私は、あくまで平和的に日本と交渉します。この国に迫る危険を回避して、強力で……幸せな国になる方法を説明しているまでです」

幕メン「(しゃべるの……うまい……)」

2時間以上の大演説を繰り広げたハリスさん。

心を摑(つか)み、脳に直接語りかけるような、スピーチ&プレゼンを聞いた幕メンは、幕メン「刺さるわー!!」

と、ハリスさんの言葉に、感心して、嘆いて、心を持っていかれたのでした。

ハリスの説得により、**《貿易》**という2文字がよぎりまくる幕メン。

日本、決断しちゃうのか？

でもここから、「いや〜実に日本っぽい！」って展開になるので、ある意味ご期待ください！

エピソード3
エモい先生とアドバンス大名

幕末のカリスマ天才、吉田松陰の登場。
そして、西郷どんが慕う〝島津テクノロジー斉彬〟サマのご活躍。

幕末エピソード3となります。

本題に入る前に一つ注意点が。

幕末には、本名の他に〝通称〟や〝雅号（風流な別名）〟など、複数の名前を持つ人が、いっぱい出てきます（〝松陰〟や〝海舟〟も雅号です）。

ですが、話の流れを理解してもらうことを最優先に考えて、ここではその人物の表記を、〝一番有名であろう名前〟で統一させていただきます（例外もありますが）。

すごく簡単に言うと、その都度「この人はこのとき、こう名乗ってました」って書くのがめんどくさいんです。ごめーんね。

四の五の言いましたが、前回のおさらいをやらせていただきますね。

ペリー、お手紙の答えをもらいにもう一回日本に来る。
　←
で、日米和親条約結ぶ。
　←
外国来るのに備えて、阿部さん〝安政の改革〟で頑張る。
　←
でも、いろんな外国と〝和親〟条約を結ぶことに。
　←
アメリカから、今度はハリスさん登場。
　←
ハリスさん、将軍と会って、幕メンにロングスピーチ。

今回は、ペリーがやって来た前後、**西日本に現れた〝2人の賢者〟**の話から始めていきたいと思います。

一人目は、幕末、明治に活躍する人材を何人も育てた、長州（山口県）の賢者、その名も、**吉田松陰**（よしだしょういん）**。**

教育者のイメージが強い吉田松陰ですが、一体どんな人だったのか。まずは前菜を召し上がっていただきましょう。

あるとき、2人の友人と東北に行くことを計画した松陰。当時、旅をするには、自分トコの藩の許しが必要なんですが、出発日が近づいても長州藩からの許可がなかなか下りません。

友人の一人は、兄の仇討ち（あだうち）のために旅立つというのに……。

でも、勝手に旅立ったら、藩を抜けるとみなされ、**〝脱藩（だっぱん）〟**っていうスーパー重い罪になっちゃう。だからこの選択肢はナシです。

さて、ここでクエスチョン。

このとき松陰が取った行動とは？

A．友人に言って、出発日をズラしてもらう。

B．自分は旅に行くのをやめる。

よろしいでしょうか。では、正解の発表です。

吉田松陰「脱藩してきた」

C．でした。

宮部鼎蔵（みやべていぞう）（松陰のお友達）「脱藩!?」
江幡（えばた）くん（松陰と宮部のお友達）「マジでか!?」
松陰「東北行くのはこの日って決めたろ。江幡くんが仇討ちするためなんだからズラせないよ！　なぁ！」
江幡くん「お、おぅ……（ちょっとひいてる）」

友との約束を優先させるためには、犯罪者にもなる男。
国のルールより、自分の信念。プライスレス（余談ですが、江幡くん、このあと仇討ちちゃってません）。

前菜が、かなり脂っこくなってしまいましたが、情熱をアクティブでくるんで脱藩のソースをかけたお味はいかがだったでしょうか？

それでは、ここからメインディッシュの連続をぶち込んでいきます。

黒船が日本に来てからの松陰さん、**佐久間象山**（さくましょうざん）ていう師匠の教えもあって、ずっとこんなことを考えていました。

松陰「日本が力をつけて攘夷をするためには、まず外国をこの目で見ないと……。よし、黒船に乗って海外へ渡ろう！」

立派な密航です。

このときの法律は、日本人が勝手に海外へ行くと大いに死刑。超がつく大犯罪。

にもかかわらず……

松陰「ロシアの船来てるー!!　乗るぞーー!!」

乗ろうとします。ガチなんだもの。

ただ、ロシア船はすでに出航しちゃってたから失敗。
なんとか死刑にならずに済んだのでした。
と思いきや……。

松陰「ペリーと黒船が帰ってきたー!!　今、神奈川にいるぞーー!!」

乗ろうとします。ぜーんぜんあきらめない。
しかし、ここでも失敗。
またもや犯罪者にならずに済んだのでした。

松陰「黒船、下田に移動したぞー!!」

うん、乗ろうとします。多分乗るまでやめない。
なんと、黒船を下田まで追いかけ、結果、

松陰「乗れたーー!!」

乗ったんです。

ペリー側の人「……で、何しに来られたんですか？」

松陰「僕と金子(かねこ)くん（松陰さんの弟子）をアメリカに連れてってください！　世界を知りたいんです。なぁ金子くん！」

金子くん「はい！」

ペリー側の人「……連れて行ってあげたい気持ちはあるんですが、せっかく結べた条約がこじれる可能性あるんで、あなたたちを連れて行くことはできません」

松陰「で、できない？　な……そこをなんとか！　なぁ、金子くん！」

金子くん「はい！」

ペリー側の人「ごめんなさい。無理なん……」

松陰「乗ってきた小舟も流された！　そうだよな、金子くん！」

金子くん「はい！」

松陰「小舟の身元を調べられたら、僕たちが渡米しようとしていたことがバレてしまう！　バレるな、金子くん！」

金子くん「はい！」
松陰「そうなれば首を斬られてしまう！　斬られちゃうな、金子くん！」
金子くん「はい！」
松陰「だから、連れて行ってもらう以外、道はない！」
金子くん「はい！」
松陰「呼んでないぞ、金子くん！」
金子くん「はい！」
ペリー側の人「…………不憫（ふびん）ですがムリです」
松陰「金子くーーーーーん!!」
金子くん「はーーーーーい!!」

陸に送り届けられ、覚悟の上で下田奉行所に自首する2人。

しかし、逆転ラッキーが起こります。

幕府のエラい人に、松陰さんの言い分が聞き届けられ、なんと死刑は免れたのでした（ペリーさんたちは、松陰さんのその後を心配していたみたいです。それに、「日本の法律では大罪かもしれないけど、自分たちから見れば、むちゃくちゃ褒めるべき好奇心の表れだ。知識欲や探求心を持っている日本という国の将来は、可能性を秘めていて、有望だ！」的なことも言ってます。褒められた〜）。

それでも罪は罪。

密航先生ロック吉田（松陰）は、長州へ帰され、野山獄（牢獄だね）ってとこへ入れられてしまいます。

やはり、囚人生活は、彼の体と精神をボロボロにむしばん……

松陰センセー「やったー!! 大好きな読書や執筆がたくさんできるー!!」

ちょっとはしゃいでました。

プリズンライフを、エンジョイの方向に持っていき、さらに、

松陰センセー「本おもしろーい！　誰かとしゃべりたーい！」

と、なり……

読書で吸収した知識や自分の考えを、他の囚人にしゃべり始める。

←

最初は「なんだコイツ……キモッ」と思っていた囚人たちも、だんだん「おもしろいかも……」という反応に変わる。

←

囚人たち、松陰センセーのお話の虜（とりこ）に。まさかの、見張りの役人までもが、松陰センセーの生徒になる。

←

しばらくすると、今度は逆に「え！　あなたは詩の才能があるんですね。僕に教えてください！」とか、「あなたは字がキレイですね。教えて！」と、松陰センセーの方から、他の囚人に弟子入りしちゃう。

←

みんなが、生徒でもあり先生でもある状態になっちゃう。その結果……

←

牢獄が学校に変わっちゃった。

松陰センセー、学ぶ楽しさと教える喜びを、同時に体験できるという、誰も見たことのないニュースクールをつくっちゃったのでした。

これは、松陰さんが、長州の明倫館（めいりんかん）という学校で先生をしていた経歴もデカかったんじゃないでしょうか。

ただ、松陰さん、どこまでいってもフツーじゃないというか……。

先生に就任した年齢が、

9歳です。

今で言う、小学校の低学年や中学年で、もう教える側……。

想像してみてください。

子供を教えてる、子供の姿。

「大人が絶滅した世界」という設定の、アニメや小説みたいな世界観です。

さらに、11歳のときには、藩主（殿だよ）の前で講義を行ってるんですね。

現代なら『私の町のスーパーキッズ』って感じで、確実にTVに出てます。

そんな天才少年が成長し、囚人たちに、学ぶ楽しさを伝え、生きる喜びを与える……。映画だったら、

『奇跡が降り注ぐ場所――松陰先生と過ごした365日――』

なんてタイトルで上映されそうな出来事です（チープに仕上がってしまいました）。

やがて、野山獄を出ることになった松陰センセーは、叔父さんがやっていた塾を受け継ぐことに。

その塾の名前こそ、

松下村塾。

幕末、明治の超有名人たちを輩出した、あのミラクルスクールです。

幕末のひな壇「なんでここでは、そんなに優秀な人たちが育ったんですか？」

池上彰さんみたいな人「いい質問ですね。まず、松下村塾では入塾希望者の身分や年齢は問いませんでした。さらに、塾には何時に来てもいいし、何を学んでもいい。生徒が塾を訪れた瞬間が授業のスタートだったんです」

ひな壇「いろいろ自由なんですねー。で、どんな授業を？」

池上さんみたいな人「いい質問ですね。松陰さんは講義の他にも、生徒に本の一部分を読んできてもらい、それについての意見を発表してもらったんです。そこから、みんなでディベートへ発展するという授業もやっていたんですね。これは、現代でも『受ける授業じゃなくて、自分から進んで学んだ方がいいんじゃねーか？』ってことで取り入れられてる、アクティブ・ラーニングとおんなじやり方です」

ひな壇「スゲー!!　で、松陰センセーは、生徒とどう接して……」

池上さんみたいな人「いい質問ですね。松陰さんは……」

ここで引き取ります。

そんな松下村塾からは、

久坂玄瑞（このあとちょー登場）

高杉晋作（メチャ有名）

伊藤博文（初代内閣総理大臣だね）

山縣有朋（「日本陸軍の父」だって）

に代表される、たくさんの優秀な若者が登場し、幕末の世を舞台に大活躍するんですね。

「偉人がこの中から出る！」と宣言し、すべての生徒の長所を必ず見つけた松陰。

入塾を希望する者が「教えてください」と言うと、**「教えることはできないが、私もあなたと一緒に学んでいきたい」**と答えた、彼の姿勢や愛情こそが、この塾最大のテキストだったんではないでしょうか（気の利いたこと言えたと思ってます）。

続いて、長州からさらに離れた〝薩摩（鹿児島あたりだよ）の賢者〟のご紹介。

薩摩の藩主さんは、

島津斉彬

という人です。

幕末の時代、「勢いあるね！」「経済力も政治力もあるね！」って感じの藩を《**雄藩**》と呼んでいました。

そんな雄藩の中でも、特に周りから一目置かれる大名が、4人いたんです。

ドドーーーン！　薩摩藩　**島津斉彬**
ドドーーーン！　福井藩　**松平春嶽**
ドドーーーン！　土佐藩　**山内容堂**
ドドーーーン！　宇和島藩　**伊達宗城**

この4人を、

幕末の四賢侯

と言います（『ワンピース』の四皇みたい）。

斉彬さんは、4人の中でも断トツにすごかったんじゃないかといわれる人物。

同じ四賢侯の春嶽さんも、「大名の中でトップだよ。自分も含め、他の誰も敵わないよ。

うん」と、のちに語っているくらいなんです。

じゃ具体的に、斉彬さんの一体何がスゲーのか？

島津斉彬「やっぱ海外の技術とか大砲とか、ほしーよなぁ」

家臣「ま、そーっすねー。仕入れたいっすけどねー。ムズいっすよねー」

斉彬「てか、自分たちで造ればよくね？」

家臣「そりゃ造りたいっすけど、工場的なものがないと無理ですよー。日本にそんなところねーし」

斉彬「だから、工場から造ればいいじゃん」

家臣「……え、そういうこと!?」

工場、造っちゃいます。

なんと〝海外式の工場群〟を、薩摩の中に造っちゃったんです。言ってしまえば、日本初のコンビナート。溶鉱炉（ようこうろ）や反射炉（はんしゃろ）っていう、鉄を造る設備を造って、それで大砲造っちゃう。軍需品や社会インフラの整備に関するものなんかもこの工場群で造り、ついには、日本初の蒸気船もこしらえてしまうんです。

国を豊かにしたいなら「元から造っちゃえ！」というこの発想、規格外です。もう、〝島津テクノロジー斉彬〟という、ミドルネームが入ってもおかしくない（いいえ）。

この〝斉彬スーパープロジェクト〟のことを、

集成館事業

と言いました（ちなみに、「旧集成館」って名前の建物は現在も残っていて、国の重要文化財に指定されてます。で、なんと世界遺産にも登録されとります。スゲー）。

さらに、斉彬さん、人の才能を見抜く力もスゴかった。

幕末ヒーローの中でも、知名度抜群の〝あの人〟のことを見つけてるんです。

身分の低かった〝その人〟の能力を見出し、熱心に教育し、斉彬さんの手足となってすこぶる働いた人物。薩摩が生んだ幕末のちょー有名人と言えば……。

もうおわかりですね。そう、

西郷隆盛

さんです。

斉彬さんを尊敬し、彼からいろんなものを吸収した西郷さんの活躍は……coming soonです。

薩摩や長州で、優秀な人材が育ち始めた話はいったん置いといて、ここからは「ハリスと幕メンの貿易にまつわるエトセトラ」の続きを。

スーパースピーチで十分な手応えを感じたハリスさん。

そのまま江戸に残り、返事を待ってたんです。

すると、幕メンから……

まさかの音沙汰ゼロ。

ん？

スピーチ刺さったんじゃないのか？

ナンダコレハ？

一体今、何の時間なんだ……？

しびれを切らしたハリスさんは尋ねます。

ハリス「あのー……例の件どうなってます……？」

幕メン「例の件？」

ハリス「私のスーパー大演説」

幕メン「あーあれね！　あれ、響きましたよー。今ね、いろんな人に意見を聞いて返信待ちなんです。少々お待ちくださぃ」

てな感じ。

そして何度目かの催促の日。

ハリス「あの……まだですか？」

幕メン「あ、まだ今返信待ちでして。日本では大事なことがあると、長い話し合いをしてようやく答えを出すんです。ハハッ。これは昔からある文化で、石橋をたたいて渡るというか……英語だとなんて言うんだろ？　すみません、〝石橋〟って英語でなん…」

ハリス「バカタレが!!」

幕メン「！」

ハリス「どんだけ待たせりゃ気が済むんだ！　丁寧なのは言葉だけ！　誠実さのかけらもない！　もういい、下田に帰る！　どこかの国が艦隊引き連れて脅してきて、初めて後悔しろ!!」

幕メン「ゴーーメーーン!!　すぐなんとかするぅー!!」

ハリスさんの剣幕にヘタった幕府は、すぐに交渉を開始。

幕府の優れたオジサン**岩瀬忠震**（いわせただなり）が中心となり、時には議論、時には駆け引きを繰り返し、むーちゃくちゃ細かく話し合うこと14回……。

全部で14ヶ条のお約束が決定します。

その中でも、「これ重要！」ってやつがこちら！

1．日本はワシントンに外交官置いていいよ。アメリカも江戸に外交官置くし。

3．下田、箱館にプラスして、神奈川、長崎、新潟、兵庫の港を開いてー。江戸と大坂は市場、開いてね。開いた港にはアメリカ人も住むし、お役人さんとか入れない自由な貿易しよー。

5．**外国のお金と、日本のお金は、同じ種類・量なら通用すること**（このあとネックになるお約束だよ）。

6．日本人に犯罪やっちゃったアメリカ人は、〝アメリカの法律〟で裁くからね。アメリカ人に犯罪やっちゃった日本人は、日本の法律で裁いてね。

そうです、〝貿易〟のことをガッツリ盛り込んだこれが、

日米修好通商条約

というやつ。

日本、禁断の貿易に、足湯レベルで突っ込むんです。

しかも、この日米修好さん、のちに〝不平等条約〟と呼ばれるんですが、それを先に説明しておきましょう。

「日本でアメリカ人が犯罪やったら、アメリカ人が裁くだぁ!? 日本の法律で裁けないのキビシーって!」

だったり、

「関税（物が国境を通り過ぎるときにかかる税だよ）を自由に決める権利がない!? 日本だけで税率決めらんないのジーザスだろ!」

ってのが、日本がちょー不利とされてる有名な部分です。

ただ、これね、ハリスさんがムリやり押しつけたかというと、一概にそうとも言えず……。

ハリス「日本の法律、『10両以上盗んだら死刑！』とかなんすよね？　さすがにヘビーすぎる……。私は仲間を守りたい！　アメリカの法律で裁くことを許してもらいたい！」

岩瀬忠震「いいっすよ。日本は昔から外国のことは外国に任せる感じなんで。あと、なるべくそちらと関わらないようにしたいので、むしろそうしてください」

ハリス「……素直に喜べねーな……」

とか、

ハリス「貿易をするとなると、関税を決めないとですね！」

岩瀬「出た！　聞いたことあるけど、よく知らねーやつ。教えてほしーっす！」

ハリス「りょーかいです。ではレクチャーしましょう。まず輸入税というのは……」

といった感じでした。

外国と関わりたくない気持ちと、関税の知識の薄さが生んだ、不平等だったんですね。それでもハリスは、岩瀬さんと、井上（いのうえ）さんていうもう一人の交渉人のことを、「2人は議論で私を悩ませることがあった。彼らが交渉人だった日本は幸福だ」と、超褒めてます。彼ら、国際的な知識が乏しいのに、ロジックが合ってるか合ってないかだけで、ハリスに対抗したことになります。すごすぎる。

何はともあれ、条約の内容は整いました。あとは名前書いて、ハンコ押せば（〝調印〟ってやつね）、条約ケッテー!!　になるんですが……またまた大きな問題が。

この条約に大反対の声が上がって、恐ろしくモメちゃうんです。

それだけじゃありません。このタイミングで、もう一つ大きな問題が発生して、収拾のつかないトラブルに……。

予告します！　一応の収拾はつきます！

エピソード4

剣を執るか、ペンを執るか。そんなことより私たちの王子様はどっち？

朝廷と幕府が、バッチバチ。跡継ぎ問題で、大奥もピリピリ。後ろで糸引いてるのが、恐怖の大王・井伊直弼。

幕末エピソード4になります。

前回のおさらいからお付き合いくださいませ。

吉田松陰センセー、黒船乗り込んだあと、《松下村塾》開いたよー。

←

島津斉彬さん、《集成館事業》やったよー。西郷さんも見つけてるよ。

幕府とハリス、日米修好通商条約の条文まとめたよー。

↓

ついに、〝貿易やっちゃう条約〟を結ぼうとする幕府。

しかし、もう中身でき上がるよーってタイミングで、攘夷派（「欧米人は出てけ！」の人たち）から、

「ふざけんじゃないよー!! 条約なんて結ぶんじゃやねぇよ!!」

という、大反対の声が大量発生しちゃうんです。

その中でも、とってもジョーイ（攘夷）おじさんの**前水戸藩主・徳川斉昭**（またまた登場）は、

「反対に決まってんだろがーー!!」

と、ひときわ大きなシャウトを放ちます。

斉昭がいる水戸藩は、「天皇を敬うんだ！ そして、外国人は追い払うんだ！」という**尊王攘夷**（ほら出てきた）って考えを、日本で一番早く示した藩だったので、このおじさん、人一倍うるさいんです（あの水戸黄門さんがいたのが水戸藩。その時代から始まったとされる《水戸学》っていう

学問の研究の中にあったのが〝尊王攘夷〟っす）。

しかも、幕府にとって厄介だったのは、この〝尊王攘夷〟が流行ってしまったこと。

幕末の誰か「外国来たーー!! でも幕府頼りにならねーー!!」

尊王攘夷さん「幕府なんかより天皇や朝廷を推して、外国人追っ払おうぜ！」

幕末の誰か「それだーーーー!!」

幕府への不信と、尊王攘夷の考えが、ガシャーン！　とぶつかり、大スパーク。

流行語大賞とレコード大賞とグラミー賞とバロンドールを取るほどの大流行を巻き起こしたんです（ちょっと言い過ぎました）。

そしてこの流行、尊王攘夷の考えで活動する、

志士

と呼ばれる存在をつくり出したのでした（「幕末の志士」とか「維新の志士」みたいなの聞いたことありません？）。

幕府は、こんな人たちから大反対をくらい、条約にサインができない状況。

どうなる、日米シューツージョーでございます（日米修好通商条約。略したらヘンになっ

た)。

岩瀬忠震(ハリスとの交渉役)「あの……さぁ……。調印(署名とか捺印ね)なんだけどさ……。ちょっと待ってもらえないかな?」

ハリス「え……なんで? あとはサインするだけじゃん? ねぇ……なんで?」

岩瀬「オレたちの関係に反対する人がたくさんいて……」

ハリス「なにそれ……意味わかんない……。岩ちゃんは私と条約結びたくないってこと!?」

岩瀬「そんなことない! オレだって結びたい! ただ……調印は待ってもらいたい……。必ず反対してる人たちをダマらせてみせるから! だから……お願い」

ハリス「岩ちゃん………。わかった、私待ってる……」

婚姻届(条約)に、彼氏のハンコを待ちわびる、女子ハリス(おっさんですけどね)。どうにか周りの反対を押し切って、サインをしようとする彼氏の岩ちゃん(おっさんですけどね)。

彼氏は彼女を悲しませないためにも、踏ん張ります。

だって彼女がスネちゃうと……

大砲撃ってくる可能性があるから。

堀田正睦「岩ちゃん！　ハリス！　待ってろ！　反対派をダマらせる〝秘策〟を持ってきた！」

悩める岩ちゃん・ハリスカップルを救うべく登場したのは、老中首座の堀田正睦さん（ハリスがお家を訪ねた人ね。73ページ見てね）。

彼が小脇に抱えた〝秘策〟。それは、

勅許（ちょっきょ）

というもの。

これ何かっていうと、

〝天皇の許可〟

のことなんですね（〝勅許〟〝勅命（ちょくめい）〟〝勅書（ちょくしょ）〟。とにかく〝**勅**（ちょく）〟ってついたものは「天皇の命令」って覚えといて。〝勅〟は、このあとスーパーキーワードになってくるよ）。

堀田「2人とも待っといてくれよ！……（歩き出す堀田）天皇と朝廷が条約の許可を下せば、

尊王攘夷の連中も納得せざるを得ない。これですべてが丸く収まる！　フフフ……条約の許可をもらうなんて簡単だ。朝廷は政治に無関心なんだから、『許可してくださいい』『いいよ』『ありがと』これでおしまい（笑）。チョチョイのポンポンポーン！　よｗｗ　公家（貴族さん）たちにワイロも持ってきたし、なんてイージーモードな仕事だろｗｗｗ　（朝廷に到着）あ、勅許ください」

朝廷の人「あ、ダメです」

ダメでした。

てか公家ってのは、重度の外国人アレルギーで、

「あいつらはケダモノやさかい！」

って決めつけちゃってる連中ばかりなんで、無理に決まってます。

それに加えて、志士たちが、

「幕府なんてオワコンです！　マジ、朝廷の方がアツいっすよ！」

と、おだてて、幕府に対してメチャ強気の、スーパー攘夷に仕上がってたから、なおさら無理。

幕末でおそらく一番有名な公家、

岩倉具視(いわくらともみ)さんなんかは、88人の公家を集めちゃって、条約反対の大抗議とかしちゃう。

さらに、時の帝(みかど)である、**孝明天皇**(こうめいてんのう)も、外国人のことが大っ……キライ。

当然のように、条約結ぶことには大反対だったんです。

そして実は、この堀田さんの行動、かなりやらかしちゃってます。

今まで、政治は幕府だけでやってきました。でも「許可ください」ってお願いしたら、朝廷を政治に参加させるってことになります。しかも、幕府より上の立場として。で、朝廷から「条約許可しない！」と言われ、幕府はそれに従うことになった。

これって……「今後、朝廷が『ＹＥＳ』を出さないと、どんな政策も進めることができない」っていう〝事実〟をつくったことになるんです。

阿部に続いて、やらかす堀田。**幕府の力はさらに弱まってしまいます。**

それを受け、岩ちゃん・ハリスカップル……。

岩瀬「ごめん……朝廷にさ、お願いしに行ったんだけど……ダメだったんだ……どうしよう……。朝廷がまさか断ってくるとは思わなかったから！　やっぱり朝廷に……」

ハリス「さっきから朝廷朝廷って、ナニよ！　幕府が政治をやってるんじゃないの!?　朝廷って機関があるなんて聞いてない！……岩ちゃんたち、私をダマしてたんでしょ？　もういい。アタシがその朝廷ってとこと、直接お話しするから」

岩瀬「それはダメだ！　そんなことしたら幕府の存在意義がなくなっちまう！　オレが絶対なんとかする！　だから！　あと3ヶ月待ってほしい！　3ヶ月経ったらどんな状況であろうと条約にサインする！　約束する！」

ハリス「……ホントに？　約束破ったらギャン泣きしながら大砲撃つよ？」

メンヘラハリス（違いますけど）に、寄り添う岩ちゃん。

調印のリミットは3ヶ月後に決定。

時間、まったくありません。

しかし、幕府のトラブルは、これだけじゃなかった……。

条約だけでもハイパートラブルなのに、もう一つメガトントラブルを抱えてるからややこしい。

それっていうのは、

跡継ぎ問題――。

このときの将軍・徳川家定（13代だよ）は、体が弱くて、しかも、〝優秀〟とは真逆の人（って言われてます）。

平和な世の中なら、周りが支えてりゃなんとかなる。でも今は、日本が大ピンチ。

みんな共通の思いは、

「この将軍じゃダメだ！　マジで!!」

さらに、家定には子供がいません。

ならば「優秀な将軍候補を決めとかないと！」ということになったんですね。

そこで、白羽の矢が立ったのが、

一橋慶喜（ひとつばしよしのぶ）

という、「若くて、賢くて、才能あるらしい！」ってウワサされる若者です。

阿部正弘（元・老中首座のね）

島津斉彬、松平春嶽、山内容堂、伊達宗城（四賢侯だね）

徳川斉昭（とってもジョーイおじさん）

という面々が、慶喜くんを推しメンにします。

ちなみに慶喜くんは、ジョーイおじさん・徳川斉昭の実の息子。名字が違うのは、「一橋家」ってとこに養子に出されてたからなんです（やっと出てきた《御三卿》。忘れちゃった人は24ページを見てね）。

いろんなおじさんが、うりゃおいジャージャーと慶喜くんを推していますから、14代将軍は、彼で決まりま……

「ちょっと待ったーーー!!」

入るわけですよ。ちょっと待ったコールが。

ストップをかけた代表者、それが、

彦根藩主・井伊直弼

です（有名ですよね？）。

井伊直弼「慶喜くんはダメだ！　もともと水戸家の人間だろ？　かつて水戸から将軍を出したことはない、前例がないんだよ！　それに将軍というのは、血統優先。13代将軍家定さまと慶喜くんは、初代家康さままでさかのぼらないと、血がつながらないだろ？　これはもはや赤の他人だよ！　そこで、私がオススメしたいのは……

紀州藩主・徳川慶福。

慶福ちゃんは、13代将軍家定さんの従兄弟にあたる。血統申し分なし！　それに、紀州藩からは将軍を出した前例もある！　だから慶福ちゃんにケッテー!!」

慶喜くんを否定し、慶福ちゃんをゴリ推しする井伊さん。

他にも、たくさんの譜代大名と、あの大奥が、慶福ちゃんを猛プッシュします（慶喜くんは「カッコいい！」、慶福ちゃんは「かわいい！」と、女性に人気があったみたいだけど、大奥は斉昭のこと大嫌いだったから、その息子の慶喜くんはNGでした）。慶喜くん〝絶対NG〟からの慶福ちゃん激推し。

ところが、慶喜オタは慶喜オタで、慶福ちゃん〝絶対NG〟だったんです。

なぜなら……。

慶喜オタ「いや……まだガキじゃねーか！」

そう、慶福ちゃん、まだ子供だったんです（この問題が騒がれ始めたときで、8歳。一番白熱してるときでさえ、13歳）。

慶喜オタ「この大変な時期に、なんでわざわざ子供だ!?」

こちらもなかなか真っ当な理由。

能力か血筋か。

双方の目から、火花やらレーザービームが飛び交う億千万の胸騒ぎ。

慶喜くんを推すのは、「幕府を改革してやる!」って人たちで、その名も**《一橋派》**。

慶福ちゃんを推すのは、「これまで通りの幕府がいい!」って人たちで、題して**《南紀派》**。

ここに、

一橋派VS南紀派による《将軍継嗣問題》

がボッ発したのでした。

〝条約結ぶ結ばない〟というドタバタに、〝将軍の跡継ぎ問題〟というゴタゴタがミックスされ、日本は怒りのドンちゃん騒ぎ。

さらに、同じ一橋派の中でも、攘夷派と開国派に分かれてたりして、

「ネックレスのチェーンって、絡まったらこんなにほどけないの？」と、ほぼ一緒のややこしさです（例：徳川斉昭は攘夷派。島津斉彬は開国派。でも2人は同じ一橋派）。もーーーーグッ…チャグチャ。

とにかく、推しメンを将軍にしようと躍起になる、一橋派、南紀派、それぞれの策略が、

ヨーーイ……

ドン！！！！！

まず最初に動きを見せたのは、《一橋派》の島津斉彬さん。

斉彬さんの養女で、将軍家定さまと結婚が決まっていた

篤姫（2008年NHK大河ドラマ『篤姫』の主人公だよ）に、

「次の将軍を慶喜くんにするよう、将軍家定&大奥を口説き落とせ」

と頼みます。

さらに、朝廷にも仕掛ける斉彬さん。

斉彬「西郷！　朝廷に行ってきてほしいんだ！」

西郷隆盛「『次の将軍は慶喜くんにしろ！』という、天皇の命令が書かれた文書、〝勅書〟を出してもらうためですね？」

斉彬「すぐ理解してくれるー。好きー」

西郷さん、勅書をもらうため、あちらこちらを駆けずり回ります。

同じように、《一橋派》の松平春嶽さんも、

松平春嶽「橋本！」

橋本左内「勅書をいただくため、朝廷に向かいます」

春嶽「まだなんにも言ってないのにー。好きー」

優秀な家臣**橋本左内**を、朝廷に走らせたのでした。

まさに、大ピンチを迎えた〝幕府〟というセリヌンティウスのために、京の町を駆け抜ける幕末のWメロスであります（そんな異名ないです）。

多忙スケジュールを極めた2人の努力。

斉彬さんの「篤姫ちゃん大奥大作戦」。

その結果は……

ダメー。

全部ダメー。ホントにダメー。

なんと、どれもこれもギリギリのところでうまくいきません。

そればかりか……

阿部正弘「あーあ……もっと改革…したかっ……たな……（パタッ）」

阿部の部下「阿部さーーーーん!!」

改革王・阿部正弘さん、死去。

《一橋派》にとって、〝幕府の中心にいる〟阿部さんがいなくなるってのは、とんでもないダメージ。頼りにしていた存在を失い、確実に劣勢ムード漂う一橋派。

そんな敵の状況をあざ笑うかのように、《南紀派》はミラクルカードを取り出します。

それは、

大老（たいろう）

という名の切り札。

幕府マニア「た、大老だと!? 幕府の中の最高職じゃないか! 臨時に置かれるポストで、そのランキングは老中首座よりも上……。大老の決定権は、アメリカの大統領級に強い。南紀派の誰かが大老になれば、この勝負一気に片がつく!」

この切り札を利用すべく、南紀派は将軍家定にささやきます。

大奥「家定さま。このご時世、大老ほしくありません?」
南紀派の人「適任者といえば、井伊……? いいな……? いいな……?」
家定「にんげんっていいな」
南紀派の人「ううん、違う違う。いいなお……? いいなおす……?」
家定「あ、井伊直弼、大老ね」

大老・井伊直弼、誕生。
絶対的な権力を、井伊直弼が手に入れるんです。
さらに、《井伊さん&南紀派》は、その勢いのままたたみかけます。

井伊「一橋派のヤツらって、家定さまのことを『できねーヤツ』って決めつけてません？」

家定「うん、一橋好かん（って、本当に言ったとか）」

井伊「ですよねー。てことは、次の将軍は……？」

家定「うん、次の将軍、慶福ちゃん！」

決まったーー!!

ほぼ井伊さんが言わせたーーー!!

と、こんな感じで、《大老》というスペシャルカードを手に入れた《南紀派》が、怒濤の勢いで、将軍跡継ぎ対決を制したのでした（家定さん、南紀派にいろいろ吹き込まれたとか、自分の意思で決めたとか、諸説ありです）。

さ、残すは条約問題。

こいつをどうにかしなけりゃ、幕府の全員、一睡もできません（寝たでしょうが）。

大老・井伊さん、今度はこちらの解決に。

井伊「まだ勅許が下りない……。悪いけど、ハリスにもうちょっとだけ期限延ばしてもらって……」

岩瀬「何回も延ばしてもらったわ！　いいか！　今からハリスんとこ行くけど、どうしようもねー場合は調印してくるからな！」

井伊「……わかった。しょうがねー。でも延ばす方向で頑張れよ！」

岩瀬「これ以上、ハニーを悲しませたくないんだ！」

井伊「相手おっさんだろ！」

井伊さんから承諾を得て、ハリスのもとに駆け寄る岩ちゃん。

潮風で髪を揺らしながら、船上で岩ちゃんを待つハリス。

岩瀬「ハリス!!」

ハリス「(振り向いて) 岩ちゃん！　サインは!?」

岩瀬「(微笑みながら、ゆっくり頷く岩ちゃん)」

ハリス「(ひとりでにあふれ出す涙) 岩ちゃん……ありがとう！」

結ばれました（2人がじゃないよ。条約がだよ。２人のやり取りは妄想だよ）。

勅許をどうもらうか、あれだけ騒いでたのに……。結果、なんと、〝勅許ナシ〟で結ばれちゃった。

こうして、**日米修好通商条約、ようやく調印**です。

条約問題と、将軍跡継ぎ問題は、一応のゴールを迎えることになったのでした。

しかし、一件落着かというと……もう、まったくそんなことはありません。

井伊さん的には仕方がなかった「勅許ナシ」。ですが、尊王攘夷を掲げる人の目には、すべてを無視した極悪人に映ったことでしょう。

増大する憎しみの炎……。

その炎を吹き飛ばすため、井伊直弼は〝**粛清**（しゅくせい）〟という剛腕を繰り出すのでした。

エピソード5
降りそそぐ罰の終わりには、愛しき人へのメッセージ

西郷隆盛の自殺未遂。吉田松陰は死刑――。
新しい時代のために、ヒーローたちは何に命を捧げたのか？
一方、〝大獄マシーン〟は暴走する！

幕末エピソード5でございます。
そして、まずは前回のおさらいでございます。
尊王攘夷の人たち、条約にはんたーい！　←
堀田さん、朝廷に許可求める。朝廷「え、ムリ」　←

将軍の跡継ぎ問題も起こっちゃう。
←　慶喜くん《一橋派》VS慶福ちゃん《南紀派》
←　《南紀派》の勝ち！
←　南紀派の井伊直弼、大老になって、次の将軍は慶福ちゃんに決定！
←　大老パワーで、朝廷の許可ナシに条約GO！

とうとう、ニーベーシューツージョークー（日米修好通商条約。略したらお経みたいになった）を結んだ日本。

待っていたのは……

オランダ「どぉーも……。聞いたところによると、アメリカとだいぶいい感じになったんだってー？」

日本「ど、どうしたんですか……いつものオランダさんじゃな……。はっ！　まさかあなたも!?」

オランダ「そのとーりだよ！」

日本「きゃっ！」

日蘭修好通商条約締結。

ロシア、イギリス、フランス「オレたちもだよ!!」

日本「きゃーーーーー!!」

日露、日英、日仏、それぞれ修好通商条約締結。

「これデジャブ？」というような出来事が起こり、『むすんでひらいて 幕末ver.2』を歌い上げます（こちら、《安政の五カ国条約》って言うんで、暇なときにでもつぶやいてみてください）。

富・名声・力。幕府のすべてを手に入れた男**〝大老〟井伊直弼。**

彼の放った一言は、人々を海へ駆り立てた。

井伊直弼「条約か？　結びたきゃ結んでやる。開け！　開国に必要な勅許は置いてきた」

世はまさに、大開国時代！

尊王攘夷派「やかましいわ！　気取ってんじゃねーぞクソハゲ！　何が『開国に必要な勅許は置いてきた』だ！　勅許がねー条約なんて認めてねーわバカタレが!!」

大開国時代、急ブレーキ。
スゲー勢いで反対されます。
前回お伝えした通り、「天皇の許可がない条約」による、いわくつきの国開きは、尊攘派の逆鱗（げきりん）に触れます。
もー、日本全国「井伊ふざけんな！」の遠吠（とおぼ）え大合唱。
かつてのライバル《一橋派》のブチギレも止まりません。

一橋慶喜「勅許ナシで条約結ぶってどういうことだ！」
徳川斉昭「次の将軍、慶福ちゃんにしてんじゃねーよ！」
松平春嶽「バグってんじゃねーぞ、タコスケ！」

井伊さんの行動に怒り大爆発の3人は、かわるがわる江戸城に押しかけ、飛びかかる勢いで大抗議。
それに対し井伊さん、意外にも真摯な態度で神対応。
だったんですが、後日……。

井伊「江戸城に上がるには、各々に決められた日がある。にもかかわらず、あんたらは〝それ以外の日〟に来た……これ、ルール違反だ。はい、3人は隠居、または謹慎ね」
斉昭・春嶽「なにーーーー!?」

隠れてた井伊の悪魔が出現します。
でも、ここで一言物申したいのが慶喜くん。

慶喜「ちょっと待て！　オレは決められた日に江戸城行ったろ！　なんで処罰されんだ!?」
井伊「…………とにかく謹慎です」
慶喜「だから理由言えや!!」

慶喜くんの疑問は謎のまま。飛びかかった3人とも、まとめて一本背負いされたのでした。

ギャーギャー騒ぐ敵をなぎ倒し、フフフン♪の井伊さん。

ただ、

波乱の幕開け、

ここからなんです。

開演5分前を知らせるベルは、

《戊午（ぼご）の密勅（みっちょく）》

によって鳴らされます（なんだそれは？）。

〝戊午〟っていうのは、この年の干支（えと）。

〝密勅〟は、天皇がヒミツに下した命令。

ドッキングすると、
《この年に出された、天皇からの秘密の命令》という意味に。
で、この《戊午の密勅》には何が書かれていたかというと、

・勅許なしで、なんで条約結んだ？　どういうことか説明しろ！
・国の一大事なんだから、幕府や御三家や譜代や外様、みーんなで会議しろ！　攘夷もしろよ！　歯磨けよ！（歯磨けよ！　は書いてないです）

この命令を受け取る相手は、もちろん幕府なんですが……。

井伊「『みーんなで会議しろ！』なんて書いてんじゃねーよ！　幕府だけでやってきた政治に他の藩交ぜたら、幕府の権力なくなるわ！　まぁいい……天皇の命令を受け取るのは幕府だけだ。このことはくれぐれも他の藩には内密……」
井伊の部下「水戸藩にも《戊午の密勅》届いてるそうです」
井伊「え、うっそ!?」
井伊の部下「しかも水戸藩の密勅には、『この内容を他の藩にも見せること！』ってＰＳが

　ついてるみたいっす」

井伊「絶対ダメーーー!!」

この絶叫が、開演を告げる本ベルとなり、波乱たっぷりの井伊怒りの公演がスタート。
これ、現代の会社で言うならば、

会長「おい社長！　外資系の会社と業務提携したらしいな。勝手なことしてんじゃねーよ！　今回の件はお前だけじゃ頼りになんねーから、部長の水戸くんにも個別で指示出したからな！」

社長「会長から部下に直接!?　そ、そんなことしたら私の立場が!!」

に、近い事態ですわね。
井伊直弼、「幕府をバカにするな……」とプルプル震えます。
おこ、です。
さらに、激おこ直弼丸の怒りは膨れ上がります。

情報通「ゴニョゴニョ……ゴニョゴニョ」

井伊「なに……？　今回の密勅、水戸藩と一部の公家がグルになって、裏から手を回しただと!?　水戸のヤツらが『密勅出してくれ』とお願いしたというのか……（プルプル）。で、公家と水戸藩をつなげたのは、条約に反対する志士たちってか？　ハッハッハッハッ……潰す！　密勅に関わったヤツら潰す！　尊王攘夷派も、幕府を改革しようとする《一橋派》も全員潰す！　焼いて、潰して、粉にして、スプーン一杯なめてやる！」

激おこなんちゃらかんちゃらプンプンなんちゃらなんちゃらです。

その結果、

井伊「あんたは隠居！　お前は謹慎！　テメーは永久に謹慎！　貴様に関しては……切腹だああーー!!」

激情に駆られたプンプン丸さんは、処罰の嵐を起こして、すべてを壊すの。

慶喜くん、堀田さん、四賢侯のみなさん（島津斉彬を除く）は、隠居や謹慎。

ジョーイおじさんや、岩ちゃんは、永久に自宅謹慎。

一橋派の橋本左内や、密勅に深く関わったとされる水戸藩の何人かは、まさかの切腹や死罪。

身分、肩書問わず、処罰したその数なんと、

100人以上。

そうです、これが、主演・井伊直弼による大弾圧オペラ、

安政の大獄

という演目です（芝居じゃなくリアルね）。

誰も望んでないのに、主演の熱だけでロングランになった、幕末の大迷惑公演。

だがしかし、このダークネス歌劇にストップをかける、薩摩在住のディーバが現れるんです（女性じゃないけど）。

島津斉彬「井伊直弼……ぶっ潰す！」

井伊さんのやり口に、怒り心頭に発したトップオブ四賢侯、

島津斉彬さん、その人です。

井伊の暴走を止めることを決意した斉彬さん。

だが、生半可なやり方じゃダメだ……。

そう判断した薩摩の名君・斉彬は、とんでもないことを口走ります。

斉彬「これから兵を引き連れて、京都に行くぞ！　朝廷に行って、『幕府を改革していいよ』という勅許（天皇の許可）をもらう！」

斉彬の家臣「幕府を改革!?」

斉彬「その勅許で、井伊のバカタレとアホ幕府に、『やり方変えろ！』と迫る！　軍隊もチラつかせて脅す！」

斉彬の家臣「脅す!?　それってつまり……」

斉彬「そうです、クーデターです!!」

斉彬の家臣「出たーーーーー!!」

斉彬「西郷！」

西郷隆盛「朝廷に行って、勅許をもらう下準備をしてきます！」

斉彬「お前、心読めるのか!?　大好きだ！」

斉彬さんは、兵力とブランド力のＷパンチで、幕府を改革しようとする、

率兵上京計画（そっぺいじょうきょうけいかく）

ってやつを立てるんですね（兵を率いて京都行くってことね。昔は京都に行くことが〝上京〟です）。

許可もなしに、軍隊連れて京都に行くなんて、平和な江戸時代にはありえねー行動ですが、もうこれしかない。

斉彬さんはソッコーで大軍勢召集。

準備が着々と進む中、兵の訓練を見る斉彬。

そして、フニャリともらします。

斉彬「ふぅー、なんだか熱っぽいなぁ……」

で、

死にます。

斉彬の家臣たち「ええええぇぇーーーーーーーーー!!」

「えーーー!!」なんです。

斉彬さん、なんと突然の発熱から数日後、お亡くなりになるんです（急すぎて、暗殺説、毒殺説もあるよ）。

青天の霹靂以外の何物でもない。もちろん、率兵上京計画も中止。

それと……ずっと、「斉彬さんは安政の大獄を止めようとした」みたいなニュアンスで語ってきましたが、実はこの人が亡くなったのは、安政の大獄が本格化する前。

井伊直弼が暴走する初期段階で動いて、初期段階でいなくなっちゃったんです。

もしかすると、斉彬さんが生きていたら、安政の大獄はなかった……かもしれません。

多くの人が悲しみに暮れる中、京都で頑張っている西郷さんにも……。

西郷「ウソだーーーーーー!!」

バカでかい鉄球が音速でぶつかったくらいの衝撃をもたらします。

心から尊敬する斉彬さんが……もうこの世にいない……。

失意のドン底にたたき落とされた西郷さんは、一言つぶやきます。

西郷「オワタ」

で、自殺しようとします。

悲しむ西郷、斉彬さんの後を追おうとするんです。

しかし、そこにストップをかけたのが、同じ一橋派として頑張った、月照（げっしょう）というお坊さんでした。

月照「自分の後を追うことを、斉彬さんが褒めてくれると思いますか？　この世であの人がやり残したことを叶（かな）えた方が、斉彬さんは喜んでくれるんじゃないでしょうか」

西郷「……ぅ……ぐ………ほむっ！」

月照「ん？……これはなに、踏みとどまったのか？」

月照さんの説得により、西郷さんは、斉彬さんの遺志を受け継ぐことを決めます（こんなやり取りじゃないですが、月照さんが西郷さんの自殺を止めたらしいっす）。
そんな西郷さんのもとにも、
木枯らしをまといながら、
おなじみの〝あいつ〟が近づいてくるんですよ。

安政の大獄「どーもぉー。**安政の大獄**です!! 私が始まりました!!」
西郷「ヤバい！ 捕まると処罰される！ 月照さん、逃げましょう！」
月照「この私をどこまでも連れ去って！」（絶対言ってない）

安政の大獄から逃れるため、西郷&月照は、薩摩に向かいます。

西郷「着いたーーー。ギリセーフ！」
薩摩の人「西郷さん！ よくぞご無事で！」
西郷「どうも！ 遅れて月照さんも来るよ！」
薩摩の人「月照!?……西郷さん、実は……斉彬さん亡きあと、薩摩藩の方針変わったんです。『幕府改革するぞ！』って感じから、『幕府の言うことに従いまーす』的な感じの保守

派にガラリと……。ですので、井伊ににらまれてる《一橋派》を、薩摩に入れること
はできません。月照は……藩の外に追放してください」

西郷「な……」

月照「西郷さん着いたよー！……ん？　ねぇねぇ、何かあった？（ホヨ？）」

西郷「……月照さん、無邪気すぎてツラい」

ワンちゃんに「ごめんよぉ。ボクのお家で飼うことはできないんだ……」って言うときと同じ切なさです（違いますけど）。

しかも、「藩の外に追放しろ」という指示の本当の意味は、

「道中で、月照を斬り捨てろ」

ということ……。

月照さんと船に乗って、藩の外に出る西郷さんですが、頭の中はグルングルン。

命の恩人の月照さんを斬れるわけない……でも、藩の命令に背くわけにもいかない……。

大きなジレンマを抱えた西郷さんは、一言つぶやきます。

西郷「オワタ」

で、自殺しようとします。

西郷、月照抱えて……

ドボーーーーーーン!!

船の上から身を投げ、DIVE TO BLUE.（心中ですね）。

すぐに救助された2人でしたが、月照さんはそのまま帰らぬ人に……。

しかし、西郷さんは、

西郷「…………ブハッ!! キレイなお花畑見てきたーー」

息を吹き返し、復活を遂げたのでした。

その後、薩摩藩は、幕府の目から西郷さんを隠すため、〝奄美大島（あまみおおしま）〟に潜伏させます（名前も「菊池源吾（きくちげんご）」ってのに変えてるよ）。

あの西郷隆盛、意外にも幕末の表舞台からドロップアウト経験あり。

ここで一回、休憩を挟むのでした。

とどまるところを知らない安政の大獄。
井伊のやり方に、オーラ全開でバチギレてる人がもう一人。

吉田松陰「井伊と井伊周りのやつら……っざけんなよ!!」

幕末のエモい先生、吉田松陰です。
ブチギレモードの松陰さんは、長州藩にありえないお願いをします。

松陰「井伊のもとで、尊王攘夷派の同志をイジメてる間部(まなべ)っているでしょ。アイツ襲撃します」
長州藩「なにぃ!? 幕府の偉い人を襲うって、お前それ……テ、テロじゃねーか!!」
松陰「なので武器貸してください」
長州藩「話すすめんな！」

武器貸してもらえず（当たり前です）。
さらに、「お前やっぱりバチクソにヤベーな！」ということになり、またもや野山獄（懐かしの牢獄）に入れられてしまう松陰さん。

さらにさらに、野山獄に入ってしばらくすると、松陰センセーのもとにも、

例の〝**あいつ**〟が……。

安政の大獄「どーもぉー。**安政の大獄**です!! 吉田松陰さん！ あなたにも容疑がかかってるんで、江戸の牢獄に移動してもらいます！」

松陰、長州から江戸へ送られ、取り調べを受けることになります。

ただ、容疑の中身は、

「危ねー志士の梅田（うめだ）ってやつと、少し交流がある！……らしい」

「最近見つけたヤバい文書の筆跡が、松陰の字に似てる！……らしい」

という、すごく薄い内容です。

取り調べた役人も、「予想通り、こいつはなんでもないな」と結論づけようとしていた、まさにその瞬間でした。

役人「なるほど……てことは、梅田とは怪しい会話してないわけね」

松陰「してません。文書も僕が書いたものじゃないし」
役人「そかそか」
松陰「僕が行おうとしていたのは、間部の襲撃です」
役人「そかそか…………え？」
松陰「…………え？」
役人「え？」
松陰「は？」
役人「『は？』じゃねぇよ！　お前、大犯罪じゃねーか!!　し、し、島流しだー!!」

やってしまいました。

幕府が襲撃計画のことを知っていると勘違いした松陰は、自らそのことをしゃべってしまったのです（襲撃するのは、松陰にとって信条的に間違ったことじゃないから、あえて言ったって説もあります）。

しかし……。

松陰の自供内容を読んだ井伊直弼は、島流しを取り消します。

幕府の要人を襲撃しようとした、その思想に激怒し、行動に危険を感じた井伊は、松陰の刑を書き換えたんです。

吉田松陰、死罪（死刑）。

罪に問われるかどうかも曖昧だったはずなのに、一転して、その命を奪われる結末を迎えます。

ほどなくして、松陰は、江戸の伝馬町牢屋敷で、首を斬られるんです。

人を思うことに真剣で、国を憂えることに本気だった若者は、30歳という若さでこの世を去ったのでした。

ここで、松陰の母・滝と、父・百合之助が体験した、少し不思議なエピソードを聞いてもらえるでしょうか。

松陰が江戸に送られて、しばらく経ったある日。

うたた寝をした滝は、〝ある夢〟を見て、その内容を百合之助に伝えたんです。

滝「松陰が元気な姿で帰ってきてくれたんです！　でも……喜んで声をかけようとすると、その姿は消えてしまいました……」

百合之助「私も、ちょうど夢を見たんだ。なぜかわからないけど、自分の首を斬り落とされる夢で……ただ、それが心地よかった。首を斬られることは、こんなにも愉快なものかと思った……」

不思議な夢を同時に見るという、奇妙な体験をした2人。

それから20日以上が経ち、松陰処刑の知らせを聞いた両親は、悲しみと同時に驚きを覚えます。

夢を見た日付、時刻が、息子の最期の時とまったく同じだったからです。

その瞬間、滝の脳裏にある場面が浮かびました。

松陰が江戸に送られる直前、たった1日だけ実家に帰ってきたときのこと。

風呂に入る息子に、滝は語りかけたんです。

もう一度、江戸から帰ってきて、元気な顔を見せてほしい——。

松陰「もちろんです！　必ず元気な姿で帰ってきて、お母さんのその優しい顔を見にきます！」

松陰は、約束を守ったんじゃないでしょうか。

最期の最期、母にもう一度会うために。

自分は首を斬られるが、何も後悔はないと父に伝えるために。

愛してやまない両親に、自分の思いを伝えるため、２人の夢に同時に現れるということをやってのけたんじゃないでしょうか。

処刑が決まった松陰は、こんな句を残しています。


「親思う　心にまさる親心　今日のおとずれ　なんと聞くらん」

（子供が親を思う気持ちより、親が子供を思う気持ちの方がはるかに大きい。それなのに今日、子供が処刑されるということを聞いた両親は……どんな気持ちになるだろう）


自分が処刑される絶望より、知らせを聞いた親の悲しみを想像する。

すべてにおいて自分のことを二の次に考える松陰の愛情は、この国と家族に、そして弟子たちに注がれたんです。

「狂愚まことに愛すべし、才良まことに虞るべし」

（狂って常識がわからないバカは、〝行動〟を起こす愛すべき存在だ。一方、頭だけで考えて理屈を言っていると、何もことを起こさなくなるので恐ろしい）

松陰が、弟子たちに「こうあってほしい」と送ったメッセージ。

ここで使われている〝狂う〟は、

「有り余るほどの情熱を持ち、常識から外れて夢中になる」

というような意味です。

彼の取った行動が、正しいか正しくないかはおいといて、自分の信念が一ミリも揺るがなかったからこそ、松陰は常に動き続けていたんではないでしょうか。

情報過多な現代、自分の範疇を超えた存在を見つけると、まずバッシングから始めるという、何か儀式のようなものが蔓延していて、行動は制約されがちです。

〝常識〟と言われるものからは外れてるかもしれないが、自分の信念に従って生きる〝狂愚〟を取るのか、誰からもたたかれはしないが、あとには何も残らない〝才良〟を取るのか……なかなかズシンとくる一文。

そして、「狂愚まことに愛すべし、才良まことに虞るべし」のあとに続くのは、この言葉。

「諸君、狂いたまえ」

次回へ続きます。

第二章

混乱、混迷、ぐっちゃぐちゃ

エピソード6

海と雪のサムライ

《桜田門外の変》で、悪名高き井伊直弼、暗殺さる。
井伊亡きあとの幕府に変化が！

幕末エピソード6とまいりましょう。
まいる前にはおさらいとまいりましょう。
井伊さんの「勅許ナシ条約」に、みんなちょー反発。
←
斉彬さん反撃しようとするけど、死んじゃう。
←
水戸藩に《戊午の密勅》が下る。

←　井伊さん「なんだよそれ！」と怒り、《安政の大獄》開始。

←　安政の大獄から逃げようと、西郷さんと月照さんが薩摩に行くけど、月照は拒否られる。

←　2人海に飛び込んじゃう。西郷さんだけ助かる。

←　松陰センセー、安政の大獄の犠牲に。

「批准（ひじゅん）」て聞いたことあります？

国の代表者が決めてきた条約に、国家が「よし！　これで決定！」って認める最終的な手続きを「批准」て言うんです。

スマホ契約するとき、本体ゲットして、支払い方法も決めたけど、書類にサインしないと使えない——あんなようなものです（規模違いすぎるけど）。

日米修好通商条約の〝ラスト手続き〟のために、アメリカはワシントンに向かうことになった日本。

外国奉行（外務省ってノリかな）の人たちは、ポーハタン号（アメリカの船）に乗せてもらうことに。

外国奉行「お願いします！　人数多いって言われたんで、削って77人です！」

ポーハタン号艦長「多いんだよなぁ。多い。まだ多いんだよ」

使節団77人が乗り込み、太平洋を渡ります。

それとは別に、「ポーハタン号の護衛や、万が一の事故に備え、もう一隻、船出しといた方がいーんじゃねーか？」ってことになり、**《咸臨丸》**という船を出動させることになったんですね。

これに乗り込んだのが、

勝海舟（勝さん、このとき艦長）
ジョン万次郎（すでにアメリカを知ってるあの人）
福沢諭吉（ご存知1万円札のあの人。２０２４年度からの1万円札には渋沢栄一さん）

という有名人たちです。

この船に乗り込むのは日本人だけ。

船＋日本人だけ＋渡米＝初体験。

そう、咸臨丸の航海には、ポーハタン号の護衛のほかに、初めて日本人の力だけで大海原を渡り、〝アメリカにたどり着く〟という、大きな目的が詰め込まれていたんです――。

勝海舟「とうとう……とうとう日本人だけで太平洋を……ついにこの日がやって来た（感動）」

司令官「えー。日本人だけだと不安なんで、ブルックさんたちアメリカ人の方々にも乗っていただくことにします」

ブルック「ブルックです。いい船旅にしましょう」

勝「………誰だテメェこら（怒）」

アメリカ人も乗っちゃいました。

ブルックさんはじめ、アメリカ人の乗組員が何人も乗船して、日本人の夢、爆破。

ここから勝さん、ちょースネてしまいます。

しかも、いざ出航してみると、

勝「………オロロロロロロロロ……」

船酔いで吐いてました。

一方、勝さん以外の日本人乗組員はしっかりと、

乗組員「オロロロロロロロロ……」

吐きまくってました。

出航してまもなく、海が大荒れ。

ジョン万次郎さん、福沢諭吉さん以外の日本人、ちょーぜつな船酔いで全員死亡（たとえね）。

さらに、日本人はまだ船の扱いに慣れておらず、実質的に船動かしたのはブルックさんたちだったそうです。

アメリカの人たち、いてくれてよかった。

はみだしエピソードを一つ。

艦長として機能してないのに文句ばっかり言うし、航海の途中に「ボート下ろせ！　オレは帰る！」とわがままを言ったらしい勝さん。

福沢諭吉さんの目には、「なんだコイツ……」って感じに映ったらしく、ここから2人、メチャ仲悪くなります。

さらに、この航海にはこんなエピソードも。

ブルックさんは、〝実際にはアメリカ人たちが船を動かした〟ことを自分の日記に書いていました。ですが、開国したばかりの日本がバカにされないよう、日記の公開を自分の死後50年間は禁止したり、部下にも固く口止めしたそうです。なので、この船旅の真実がわかったのは1960年代になってから……。

なんて泣ける話なんでしょう。ブルックさん、最高すぎる。

さて。やっとの思いで、咸臨丸とポーハタン号はサンフランシスコに到着。

勝「アメリカだーーーーー!!」

サムライたちがアメリカの土を踏みしめ、日本が国際化へと歩み出した瞬間でした。

勝さんたちがグローバルな展開をしてる一方、日本でローカルな大事件が起こります。

その中心にいるのはもちろん、

大獄マシーン・井伊直弼。

〝安政の大獄〟をまき散らした結果、多くの人からエグい憎しみと、ドデカい反発を爆買いした井伊さん。

特に、家老や藩士を切腹&死罪にされてる水戸藩の怒りのボルテージは、とんっ……でもないことになってたんです。

しかし、井伊の赤鬼はそんなのおかまいなし。

怒りと悲しみの水戸藩に対し、

井伊直弼「**《戊午の密勅》**は、お前らが持っていていいような代物じゃないんだ。前から言ってる通り、こちらに渡せ。期限までに返せないようなら、身分も領地も、ボッシューする」

水戸藩「まっすぐなパワハラ！」

なんと、《戊午の密勅》を返せと脅してきたのでした。
ハラワタが煮えくり返って、いい感じのトロみが出てる水戸藩。
でも、命令に従わなければ、藩の存続が……。

水戸藩「幕府に……密勅を返そう」

もうしょうがねーよの空気が大多数を占めますが、一部がこれに猛反発。

返したくない人たち「渡すわけねーだろ！　もし返すとしても、幕府じゃなくて、朝廷に返すわ！」

やがて、水戸藩内部は、バチバチの大ゲンカに発展し、斬り合いまで起こる事態に。
お互い一歩も引かない中、ヒートアップする〝返したくない人たち〟の一部は、恐ろしい答えにたどり着きます。

返したくない人たち「おい、あいつ殺そうぜ」

井伊直弼暗殺計画。

鼻水出ます。ヤバすぎて。

今で言うなら「総理大臣暗殺計画」です。

止まりません、鼻水。

さらに、井伊を殺(や)ってやると意気込んだのは水戸藩だけじゃありません。

この激ヤバ計画に、薩摩の《精忠組(せいちゅうぐみ)》ってのが加わるんです。

こちら、西郷さんが中心となって結成された、40～50人の若者男性ユニット（このとき西郷さんは奄美大島にセンプク中）。

優秀な人材がそろった精忠組ですが、西郷さんに代わって、中心的存在になったのが、**大久保利通(おおくぼとしみち)**さん（これまたちょー有名人。西郷さんの幼なじみね）。

大久保利通「オレたちは斉彬様の遺志を継ぐのだ。井伊をぶっ潰すため、全員で脱藩だ!!」

大久保&精忠組は完全に仕上がってました。

しかし、息巻く男性ユニットに、思わぬストップが。

このときの薩摩の藩主、

島津忠義（ただよし）（斉彬さんの甥（おい）っ子）

って人と、忠義のパパの、

島津久光（ひさみつ）（斉彬さんの弟）

っていう、支配者親子から、

「タイミングが来たら斉彬さんの遺志を継ぐからさ。軽はずみな行動はやめて。ね？」

って感じのお手紙が届いたんです。で、すぐ、

大久保「よし！　やめよう！」

暗殺やめちゃった。

当時、殿が下っ端の若（わけ）ぇーヤツらを直々に説得するなんて、わかりやすく言うと、HIROさんがLDHの新人に直接ダンスを教えるよりもすごいこと（逆にわかりにくいか）。

精忠組のみんなは感動しちゃって、「暗殺、やーめた！」となったわけです（全員ってわけじゃないんですけどね）。

ただそれでも……水戸の志士たちが、暗殺プロジェクトをやめることはありませんでした。

井伊直弼暗殺のシナリオは、着実に書き進められていたんです。

襲撃の日時は、すべての大名が江戸城に向かう日の朝に決定。

実行部隊は、水戸志士17名＋薩摩志士1名の、計18名（計画に関わってる人は、もっといます）。

当日、配置についた志士は、《武鑑》を持って、大名行列を見物する田舎の侍を装うことに（《武鑑》ってのは、大名や役人のプロフィールを書いた、『プロ野球選手名鑑』的な本）。

さらに、自分たちの行為で藩に迷惑がかからないように除籍願を出し、すべての準備が整います（水戸藩をやめた浪士、つまり仕えるのをやめた人ってことで、〝水戸浪士〟って呼んだりします）。

そして……。

安政7年3月3日（1860年3月24日）。

江戸城桜田門外（東京都千代田区霞が関）。

季節外れの雪が降り、ふわりとした大きな結晶が、あたり一面を真っ白に覆いつくす朝。

暗殺計画、実行の時が迫ります。

平静の薄皮一枚下に暴れる鼓動を感じながら、標的を待つ浪士たち。

午前9時。

雪の勢いも弱くなった頃、彦根藩邸上屋敷（現在の憲政記念館あたり）から、井伊直弼を乗せた駕籠（かご）が、60人ほどの行列とともに出てきます。

動き出す作戦。

歩みを進める井伊家の大名行列に、一人の男が近づいていきます。

何事かと身構える彦根藩士のもとに駆け寄った男の手には、1枚の訴状。

何を訴えたいかは知らないが、直訴するその男を制止しようとした、その刹那（せつな）、

ヒュッ……

直訴を装った水戸浪士は抜刀し、

ザッ！！！

目の前の彦根藩士を斬りつけたのでした。

彦根藩士たち「!!」

とっさの出来事に、動きが止まる彦根藩士たち。

脳の処理速度が、目に映る事態を理解しかけた瞬間。次の衝撃が耳に届きます。

パーーーーーン！

井伊が乗る駕籠をめがけ、放たれるピストル。

〝襲撃開始〟の合図もかねていたこの銃声で、見物人の群衆から、一斉に飛び出す水戸浪士たち。

疾風のような初速で駕籠に向かい、怒濤のごとく彦根藩士に襲いかかったのでした。

斬りかかってくる者たちの苛烈で恐ろしい空気に、お供の何人かはその場から逃げ出しますが、残った十数名の彦根藩士は、主君を守るため、即座に戦闘態勢へと切り替えます。

しかし、この日の天候が、彦根の侍に災いをもたらしました。

雪のため雨合羽を羽織り、刀の柄や鞘に袋をかぶせていた彦根藩士は、すぐに太刀を抜くことができなかったのです。

初動の遅れから、相手の刀を手で受け止めた者も。

雪の上に落ちてゆく指や耳。

それでも反撃に出た彦根藩士は、水戸浪士と激しい斬り合いを繰り広げます。

鬼気迫る攻防戦の末、守る者が一人、また一人と倒されていき、ポツリと置き去りにされてしまった井伊の乗る駕籠。

水戸浪士たちがすべてを投げ出し、追い求めていたターゲットが今目の前に……。

水戸浪士「かかれーーーーーーー!!」

ズスッ!!　ズスッズスッ!!　ズスッ!!

駕籠を突き刺す、数本の刀。

自らの剣が人の肉を貫いた感触をその手に確かめながら、志士たちは乱暴に駕籠を開け、中に潜む〝悪〟を、力任せに引きずり出します。

居合（いあい）の達人だった井伊直弼。

それがなぜ、無抵抗のまま水戸浪士の攻撃を許したのか？

実は、駕籠に向けて放たれた最初の銃弾が、腰から太腿（ふともも）にかけて命中しており、立ち上がることもままならなかったのです。

何本もの太刀を浴びて、瀕死（ひんし）の状態となった井伊。

血にまみれながら地面を這（は）う男の首をめがけ、

薩摩浪士・有村（ありむら）の刀が振り下ろされ、

有村「キィエーーーーーーイ!!」

ザンッ！！！

男の、息の根は止まります。

――己が信じる道を、粛清(しゅくせい)という手段で突き進んだ豪胆な政治家……井伊直弼がここに絶命したのでした。

刀の先に井伊の首を突き刺し、勝鬨(かちどき)を上げる有村。

水戸浪士たちは、その声で目的が達成されたことを知り、急ぎその場を離れ逃走。

襲撃の現場には、二度と動かなくなった人間と、血液が染み込んで赤く染まった雪が、ただ残っていたのでした。

大勢の目撃者がいる中、幕府の№２が殺害された、このとんでもないテロこそ、

桜田門外(さくらだもんがい)の変

という大事件でございます（襲撃は十数分間か、もっと短かったかもなんて言われてます）。

井伊直弼が殺害されたという報告が幕府に届くと、

「ブハッ!!」

飲んでたお茶をいっせいに吹き出す老中たち（イメージです）。

老中たち「マジでか!?　ちょ、どうしよ!?　おろおろ……おろおろおろおろ」

おろおろとテンパることしかできない連中の中で、老中の一人、**安藤信正**（あんどうのぶまさ）さんて人は、冷静に分析します。

安藤「おい……おいおいおいおいおい！　激ヤバだぞ!!　大老を守れなかったとなると、幕府の威厳は地に落ちる……。それだけじゃない!!　オレたちは、井伊さんを暗殺した水戸藩を処分しなくちゃならない。たとえ浪士がやったこととはいえだ。ただでさえ、水戸は井伊さんにボロクソにされてんのに、ここでさらに処分加えちゃったら……水戸藩、怒り狂って何するかわかんないぞ……。

そして彦根藩。藩主が跡継ぎ決めてねーのに、イキナリ死んじゃったら、お家断絶って決まってる（「○○家なくすねー」ってこと）。今回のケースはまさにそれ。家を断絶された彦根の連中は……確実に水戸に復讐する……。幕府と関係が深い、御三家（水戸）と譜代（彦根）が全面戦争なんてことになれば……、幕府……終わっちゃうぞ……。さらに今、井伊さんの首は奪われた状態。それをどこかに晒（さら）されたりなんかしたら、尊王攘夷派の勢いがますます強くなり、力のない幕府は、もっともっともっともっと……」

伝える人「申し上げます！　大老の首を奪った薩摩のヤツは、彦根の人に斬られ、その場で自刃（じじん）（切腹）！　で、井伊さんの首、若年寄の遠藤（えんどう）さん（三上（みかみ）藩てとこの藩主）のお屋敷にあります！」

安藤「不幸中の幸い!!　よし……目撃者はたくさんいただろうが、こうなったら……」

安藤さんがひねり出した驚きの作戦。

それは、

安藤「井伊直弼はまだ生きている――。ことにします！」

です。

確かに、井伊さんが生きているのであれば、最悪の事態を避けられるんです。彦根藩と水戸藩のお家断絶も、2つの家の戦争も。

まぁでも……死んじゃってっから。

にもかかわらず、安藤さんは事実をねじ曲げて、公式発表します。

安藤「えー井伊さんですが、桜田門外で襲われ、大変なケガをされました。ですので、彦根藩には跡継ぎを決めていただきます」

記者（そんなのいねーけど）「井伊さんは桜田門外で首を斬られた。目撃者もたくさんいるみたいですが？」

安藤「各藩からお見舞いの方が来られてるようですし、将軍からもお見舞いの品が届けられてます」

記者「ちょっと聞いてます？　なんで亡くなられた方にお見舞いが必要なんです！」

安藤「井伊さんが一日も早く〝ご病気〟を治され、政務に復帰される日を……」

記者「最初ケガって言ってたろ！　病気に変わってるじゃないか！　何を言ってるんだ！」

安藤「では、この辺で失礼します……」

記者「ちょっと安藤さん！　素直に認めたらどうです！　井伊さんはもういない！　そうな

んでしょ！　安藤さん！　安藤さん!!……」

（以上、政治家VS記者のノリでお届けしてみました）

今も昔も、政治家はちょー強引。

このピンチを乗り切るため、井伊さんはケガから急病にかかり、ゆーっくりと亡くなっていった……ことにされたのでした（井伊さんのホントの命日は「3月3日」ですが、世田谷の豪徳寺にある井伊さんのお墓では「3月28日」となっているのはこのためです）。

ここで少しウワサ話。

井伊さんをヤッた水戸浪士に、暗殺指令を出した黒幕がいるというのです。

それが、井伊直弼のライバル的存在だった、水戸にいる、あの、

〝攘夷おじさん徳川斉昭〟

なんてささやかれたりしてるんです。

で、この半年後、攘夷おじさん斉昭は、心筋梗塞で亡くなるんですが、ホントは彦根藩が暗殺したんじゃないかって言われてたり……。

こちら、どちらも証拠がない、真相は藪（やぶ）の中パターン。

このミステリー、名探偵のあなたは解決できるかな？（は？）

さ、幕府の中、ちょっと変わりますよ。

桜田門外の変による大問題をテキパキッと処理した安藤さん。

この人が幕府の最高責任者のような存在になっていくんですね（阿部さん↓堀田さん↓井伊さん↓そして安藤さんていう流れっす）。

安藤さんは、井伊さんが進めた〝ドギツい〟やり方を否定します。

井伊さんの息のかかった老中をリストラし、逆に、井伊さんにリストラされていた、久世（くぜ）広周（ひろちか）さんて人を復活させ、ともに幕府の政治を動かしていったのでした。これ、《久世・安藤政権》なんて呼ばれてたりします。

ここから安藤さんは、あることを〝完成〟させるために奮闘するのですが、そこにはデッカい落とし穴が……。

そんな次回の物語に深く関わってくるキーワードは、

《合体》です。

ではでは。

エピソード7

第7話「オレたちが？　合体!?」
～忍び寄るエコノミッククライシス～

日本の経済が一気にボロボロに……。一方で、公武合体がぐいぐい進む。

幕末エピソード7だよ。
おさらいだよ。

勝海舟さんたち、アメリカ行く。
←
桜田門外の変で井伊直弼さん死んじゃう。
（おさらいあっさり）

開国しちゃうわ、井伊さん死ぬわ、ドタバタ続

きで泣きたい幕府。

それなのに、泣きたい夜が追加されます。

庶民「ちんたらやってんじゃねーぞ幕府！　もう朝廷の言うこと大人しく聞いとけ‼」

とうとう一般庶民（下級武士含む）からも嫌われちゃうんです。

もともと幕府を嫌ってる尊王攘夷派ってのは、今で言う〝意識高い系〟（あくまでたとえよ）。

ところが、あることがキッカケで、**ノーマルに暮らす庶民にまで尊王攘夷が浸透**します。

そのキッカケってのが……**経済。**

欧米と貿易やり始めちゃったもんだから、
輸入、輸出、お金、
それぞれで大問題が発生して、庶民の生活が脅かされまくったんです。

ということで、このときの経済がどうなったのかを、詳しく説明させていただきます（詳しくってのはウソですね。せいぜい〝なめる〟程度）。

開国して、欧米との貿易を始めた日本。

「自由な貿易しよー」って条約で決めたので、その通りに幕府が間に入ってこないから、ちょー自由（ちなみに、アメリカは《**南北戦争**》ってやつで忙しかったので、この頃、一番のお得意様は、**イギリス**。で、条約では〝神奈川〟を開くってなってたけど、〝**横浜**〟に変更。これが場所的に最高だったらしく、横浜は人気スポットになります）。

このときのやり取りの中で起こった問題、まずは〝**輸入**〟からいっちゃいましょう。

輸入品の中で一番多いのが、毛織物や綿織物というグッズでした。

でも、今回の条約には**関税自主権**がない……つまり日本が勝手に税をかけられないんです（わかんなかったらググって！）。

ここぞとばかりに、外国から、ハイテク機械で大量生産した、安ぅーい毛織物や綿織物がダイレクトで入り込んできます。

たとえるなら、《ユニクロVSちょっと高ぇー小洒落たブティック》みたいな構図。

するると……。

綿織物業の人「あんな安いのが外国から入ってきたら、俺らの商品誰も買ってくれないよ！　商売あがったりだ!!」

ってことになり、日本の綿織物業などが大ダメージをくらいます。

では続いて、〝**輸出**〟いっちゃいます。

嬉(うれ)しいことに、日本の、生糸（絹っす）や茶や海産物が、外国で大人気。

特に生糸がスマッシュヒット！

売れる売れる！　売れる売れる売れる売れる売れる売れ……る……売……れ……

とんでもない品薄状態になっちまいます。

すると……

生糸マニア「最近、生糸が全然手に入んない！　しかも数少ないから値段がメタクソに上がってる！　で、なんかそれに引っ張られるみたいに、いろんな商品の値段も上がってる!!」

物が少ねーから、値段が上がる。

経済用語いっちゃいましょう（ン、ン……コホン）。

インフレです（物の値段上がる、お金の価値下がる）。

幕府「これはマズいよ……。てか、江戸の問屋さんに卸してた商品を、直接横浜とかに持っていっちゃうから売れすぎるんだ……。で、物価が上がる……。みんなー、せめて、生糸、雑穀、水油、呉服、蠟は、いったん江戸の問屋さんに持っていって！」

外国商人「おいコラ。『江戸の問屋を使え』って幕府が命令するのか!? これのどこが自由な貿易だ？ あぁ!?」

幕府「……僕も今そう思ってたんすよー」

五品江戸廻送令ってのを出すんですが、外国からの大ブーイングで、この法令も効果ナシ。インフレまったく止まりません。

最後は決定打、〝**お金**〟です。

幕府がハリスさんと交渉したとき、「貿易するなら、『為替レート』決めないと！」ってなったんです（「1ドル＝〇〇円」みたいなやつ）。

当時、日本には、

「一両」（金の小判）

「一分銀（いちぶぎん）」（銀貨）

ていうお金がありました。

で、これは、「一分銀を4枚集めれば、金の小判1枚と替えてもらえるよ！」というシステムです（のちにカンヅメが当たるとかではないです）。

〝4分銀＝1両〟

でございます。

一つここで注意点なんですが、一分銀の〝素材〟自体にはですね、一両の1／4の価値なんて……ありません。

素材はそんないいもんじゃないけど、

「銀貨のサイズが小さかろうが、素材の価値が低かろうが、『一分銀』て書いてあったら、それは一両の1／4ってことにするからな！」

って、幕府が決めていたんです。

昔の幕府にも、

「お金は国家がつくるんだよ。たとえガレキでも、国がそれをお金だっつったら、そりゃお金だ！」

と、断言したおじさんがいたほど。

乱暴な感じがするけど、なんか似てませんか？

そう、現代のお金の理屈とほぼ一緒。――ちなみに、〃1万円札〃の原価は20円くらいなもん。でも国が、「この紙には1万円分の価値があります！」って言い張って、国民全員が「ある！」って納得してるから、1万円札として成立しております。

江戸幕府、通貨（お金）に関してはちょっと進んだ感覚を持ってたんです。

さて、外国には「1ドル銀貨」というお金がありまして、話し合いはお互いの銀貨におよびます。

岩瀬（岩ちゃん）「1ドル銀貨調べたら、小判の1／4の価値なんすね！ うちの『一分銀』と一緒だ！
　ということで、『1ドル銀貨＝1分（「一分銀」1枚）』でいきましょう！」
ハリス「（それぞれの銀貨を天びんに載せてみて……）全然釣り合わねーじゃねーか！ 条約に『同じ種類を同じ量で交換』ってあったろ！」
岩瀬「いや、『一分銀』て刻まれてれば、その銀には価値があって……」
ハリス「なんじゃその論理！ 重さ全然違うのに、『これ一緒の価値ですねー』って、詐欺師のやり口じゃねーか！　1……2……ようやく釣り合った！　一分銀が3枚で、やっとうちの1ドル銀貨と一緒の重さだよ！　てことで、『1ドル銀貨＝3分（「一分銀」3枚）』でいかせてもらう！」

岩瀬「えーー!!　やだーー!!」

リアルな銀の重さで話を進めるハリスのやり方は、この時代の〝世界の〟常識。
幕府のちょっと進んだ価値観は、まったく受け入れてもらえず、
〝1ドル銀貨＝3分（「一分銀」3枚）〟
となってしまいました。
ちなみに、海外では、日本より金の価値が高く、
〝1両＝4ドル銀貨〟です。
いいですか？　まとめますよー。
1ドル（銀）＝3分（銀）＝0・75両（金）＝3ドル（銀）
小数点がない、わかりやすい数字にすると、
4ドル（銀）＝12分（銀）＝3両（金）＝12ドル（銀）
薄々お気付きでしょうか？

つまり……、

ハリス（仮）くんが、日本に4ドル銀貨を持ってきたとします（日本来たよ）。

で、日本の銀に替えたら12分になる（日本で両替だよ）。

それを小判に替えたら3両です（日本で〝金〟に両替だよ）。

で、海外（この時は香港）にその3両を持って帰って、銀貨に替えたら12ドル（海外で両替だよ）。

出がけに持ってた4ドルが、両替繰り返しただけで、12ドルになっちゃう……。

魔法です。

たたくと増えるビスケットとなんら変わりない（違うけど）。

外国人「両替するだけで金持ちになれる……日本に行って、〝金〟持って帰るぞーー!!」

ってことになり、日本から金がブヮーー！　っと出て行っちゃったんです。

もう日本経済大混乱。

幕府「ヤバー!!　とりあえず〝金〟の価値下げるべ！　そうすれば外国人も金にくいつかな

くなる！　新しい小判つくるぞ！」

テンパった幕府は、前より価値の低いニュー小判をつくって、金が出て行くのを防ぎます（《万延小判（まんえんこばん）》てんだ）。

おかげで、金の大量流出はストップ（ホッ）。

しかしホッとしたのもつかの間！　今度はお金の価値が暴落しちまい、物価がググンッ！　と上がってしまう……。

これぞ、**恐怖のハイパーインフレ。**

コンビニ行ったの、想像してください。

昨日150円で買えたアイスが、今日は450円になってたら、「おい、ハーゲンダッツより高ぇーじゃねーか」って愕然（がくぜん）としませんか？

幕末では、そんなようなことがリアルに起こり、ついに国民大爆発。

怒りの庶民「なんでこんなに生活が苦しい？　そうだ、幕府が勝手に開国したからだ……。もう幕府なんかに任せてらんねぇ！　朝廷に従え！　外国人を日本から追い出せ！」

とまぁ、こんな感じで、庶民の尊王攘夷につながったわけです（「なるほどね〜」ってなりました？

ホントはね、「1ドル＝3分」にされたあと、幕府はとんっ…でもないカラクリ考えて、外国に対抗するんですけど、文字数ハンパないことになるので、やめときます。あなたにお会いしたとき、直接お話しします）。

さ、井伊さん亡きあと、幕府の政治を動かす**安藤信正**さん（159ページに出てきたね）。この尊王攘夷の強風を、まともにくらいます。

安藤信正「く……なんてえげつない攻撃……立ってるのがやっとだ……。こうなったら、あれを使うしかない。いくぞ！　**公武合体!!**」

ナレーション「説明しよう！　公武合体とは——　**〝公〟の《朝廷》、〝武〟の《幕府》**。

2つの機関が力を合わせ、国のピンチに立ち向かおうという大作戦のことであーる。朝廷と仲良くなれば、尊王攘夷派もダマるだろうと思ったのであーる」

藁（わら）の家となってしまった幕府を、もう一度レンガの家にするため、朝廷と仲良くしようと目論(もくろ)む子ブタさん。いや安藤さん。

ガッツリ手を組むには、家同士がつながるのが一番。家がつながる方法と言えば……**結婚**です。

そこで、幕府は、**孝明天皇**の妹、**和宮**(かずのみや)さんに目をつけます。

14代将軍・徳川家茂(いえもち)（跡継ぎ問題を制した、あの〝よしとみ〟ちゃんです）のお嫁さんになっていただきたいと、

安藤信正「よっしゃっしゃーーーす！」

朝廷に頼み込むんです。

ただ、和宮さんには有栖川宮熾仁親王(ありすがわのみやたるひとしんのう)という長い名前のフィアンセがいるし、何より本人が、

和宮「江戸に行くなんて絶対に嫌どすえ」

めーっちゃくちゃ嫌がっている。

孝明天皇も、「嫌がる妹をムリには……」となり、これでスリーアウト、ゲームセーーット。になる直前でした。

意見を求められた一人の公家のアドバイスによって、様子が変わるんです。

岩倉具視「幕府は自分たちに力がないのを痛感した上で、朝廷のブランド力を欲しがってます。和宮様と将軍の結婚を望むのなら、叶えてやりましょう。そのかわり！……交換条件を出すんです。まず、政治の決定権は《朝廷》で、その命令を聞くのが《幕府》。この形を認めさせる。さらに、外国との条約をブッ壊して、攘夷することを約束させるんです」

駆け引きうますぎ、岩倉トモミン。

ほとんどの公家さん＝政治オンチっていう中で、なぜか抜群の政治力を発揮するトモミンのこの案が採用されます。

幕府「やったー!!　和宮さんお嫁に来てくれるーー!!」
朝廷「喜ぶのはいいですが、和宮さんをお嫁に出す条件聞いてますよね？」
幕府「…………優しくする」
朝廷「それは当たり前です。じゃなくて？」
幕府「…………攘…夷…だったかな」
朝廷「だったかなじゃなく、それです。約束してくれるんですよね？」
幕府「…………10年以内になんとか」

幕府は10年以内に条約をチャラにして、鎖国を復活させることを約束したのでした。

ただ、泣きたいのは和宮さんです。この約束により、江戸へ行くことが決定するんですから。

儚(はかな)い乙女ゴコロなんてガン無視。
婚約者と引き離され、慣れない土地へ送られる10代の女の子。
かたや国のトップを背負わされ、人生を選ぶことが許されなくなった少年。
家茂と和宮……奇遇にも同い年の15歳、結婚したときでさえ17歳。

幕府と朝廷に翻弄(ほんろう)され、強制的に一緒になった2人に救いがあったとするならば……仲の良い夫婦になれたこと。

似たような境遇に、鏡を見てるような気持ちになったのかもしれない。会ってみたら好意を抱いたのかもしれない。詳しいことはわかりませんが、とにかく心が通じ合った……。たくましさと愛情に、年齢なんて関係ないんですね。

若い2人のモヤモヤと引き換えだけど、これでめでたく！　公武合体……

尊攘派「おい幕府！　和宮様を人質に取って、朝廷にいろいろ要求するつもりだろ!?　やることが汚ねーぞ!!」

合体、しないんすよ。見事に裏目に出ちゃって。

和宮さんが幕府に嫁入りすることによって、尊攘派は激怒も激怒。そのせいで攘夷熱がスーパーヒートアップです。

ハリスさんの通訳を務めていた、ヒュースケンさん殺害（ヒュースケン殺害事件）。

東禅寺(とうぜんじ)というお寺にあった、イギリスの公使館、襲撃（第一次東禅寺事件）。

尊攘派による外国人襲撃のオンパレードでございます。

事件が起こるたび、外国の方からの猛抗議を受けるのは幕府。その都度〝賠償金〟を支払うのも、幕府です。

やっぱりもう無理なんだろうか？　尊攘派とはわかり合えないいんだろうか？

そうよ、そうなんだわ、私みたいな幕府が高望みしちゃダメだったのよ……しょせん公武合体なんて、うたかたの夢……。

ネガティブ幕府が崩れそうになったそのとき。

長井雅楽「あきらめないで！」

遠く離れた長州藩から、奇跡の助け船が登場するんですね。

キッカケとなったのは、長井雅楽さんていう藩士が提出した、**航海遠略策**という意見書でした。それは、

「攘夷なんて無理です！　条約やめるなんて無理です！　むしろ貿易ガンガンやって日本を強くして、世界のトップに立ちましょうよ！　こんな感じで朝廷が幕府に命令してくれたら、

この国、うまくいきますよ！」

てなことが書かれた、公武合体応援コメント（要約したらこんなの）。

これを見た朝廷は「いずれ日本が世界のトップになるなら！」と、外国との貿易を認めようとするんです。

一方の幕府も「貿易するならオールオッケー!!」と拍手喝采。

なんとこの意見書で、朝廷&幕府の意思が統一され、**これでようやく公武合体、**

安藤「グワァ！！！！！」

絶対アクシデント起こった声。

幕末あるある、

「何かに反対してるヤツ、だいたい過激な事件起こす」

が発動して、なんと公武合体の中心メンバー安藤さんが、襲われちゃうんです。

尊攘派の水戸浪士6人に、江戸城坂下門外（さかしたもんがい）で襲われた安藤さん。

やり方は、ほぼ〝桜田門外の変〟と同じ（名前も《坂下門外の変》）。

幸いなことに、ケガはしたけど命に別状なし。でも……傷を負った〝部分〟がよくなかった。

安藤の部下「安藤さん大丈夫ですか!?　でも命が助かってよかったー。ところで、どこをケガしたんですか？」

安藤「背中」

安藤の部下「！」

安藤「！」

安藤の部下「！」

安藤「！」

安藤の部下「!!」

安藤「なになになになに!?　みなまで言って！　背中ケガしたらなんかヤバ……あ、これヤベーわ」

政治の話ばかりで忘れがちですが、みんな〝武士〟なんです。侍なんです。

背中なんかやられたら、

「背中の傷は武士の恥だ！」＝「テメー、武士のくせに、敵に背中向けて逃げようとしたんじゃねーのか!?」

てことになるんです。

背中やっちゃった安藤さんに「サイテー!」「それでも武士か!」という嵐のような批判が飛んできて、最後は「背中キズ野郎」のレッテルを背中に貼られ、ついには老中に背中を向けることになります（辞めさせられたってことね）。

さらに間の悪いことに、〝あるウワサ〟が原因で、尊攘派がバーリバリ活気付いちゃう。

安藤さんいなくなって、〝あるウワサ〟で尊攘派が元気になって……紙袋から落としたオレンジが坂道を転がり落ちていくように、公武合体の人気はなくなっていったのでした。

そして、特に尊攘派が勢いづいたのが長州藩。

久坂玄瑞（松陰センセーの愛弟子）

桂小五郎（ちょー有名人。西郷隆盛、大久保利通と3人合わせて**《維新の三傑》**なんて呼ばれたりしてます）

といった、**吉田松陰のDNA**が暴れ出します。

久坂玄瑞「《公武合体》なんてクソくらえだ！　時代は尊王攘夷なんだよ!!」

長井雅楽さんの影響で公武合体に染まっていた長州に、ドロップキック。

藩全体の方針や意見を〝藩論〟て言うんですが、なんと藩論を尊王攘夷に変えてしまい、**「長州藩まるごと尊攘派」**という状態にもっていったのでした。

のちに、全国の尊王攘夷派のリーダー格となっていく長州藩。

この頃から、松陰の遺志を受け継ぐ者たちが、藩の中心を担っていくことになります。

それはそうと、尊攘派を活気付かせ、公武合体が弱まるキッカケとなった**〝あるウワサ〟**とは……。

実は、あの藩がまた動き出したんだけど、ちょっと事情がややこしくて……えーと……説明に手間取るので、次回！

エピソード8

スレ違い、カン違い、ウソ、ケンカ。コメディでもラブストーリーでも100点

いよいよ明らかになる〝あるウワサ〟。
そして、寺田屋事件に生麦事件。
時代はますます血なまぐさく……。

幕末エピソード8、いきますよ。
そしておさらいいきます。

ズタボロ経済で、庶民にまで尊王攘夷が広まる。
←
安藤さん《公武合体》頑張る。
←

家茂ちゃんと和宮さんの結婚決まる。

←　尊攘派からちょー反感買う。

←　雅楽さんの《航海遠略策》注目を集める。

←　安藤さん襲われる＆〞あるウワサ〞のせいで《公武合体》ダメになる。

〞あるウワサ〞の正体をお伝えするので、ちょっとだけ時計の針を戻しますね。

幕府、朝廷、長州藩で、**《公武合体》**がまだトレンド入りしてる頃、

薩摩「長州に先越されてる場合じゃなくね!?　オレたちなりの『公武合体』見せてやる!!」

てことで、**薩摩藩**が動きます。

その指揮をとったのは、藩主・島津忠義……じゃなくて、父親の、

島津久光。


薩摩の実権は、忠義のパパ・久光が握っておりました。

で、このパパ光がやろうとしたのも公武合体。その方法がこちら。

兵を引き連れて京都行く。↓朝廷から「おい幕府！　改革しろ！」っていう勅命（天皇の命令）もらう。↓勅命と兵力でプレッシャーかけて、幕府を改革させる。↓あれ、これって朝廷がリードする形で2つがつながってない？↓めでたく公武合体じゃん！

てな作戦なんですが、「兵を引き連れて京都行く……」っていうこの感じ、どこかで見た気がしませんか？

そうです。パパ光の兄・斉彬さんが計画して、志半ばでぶっ倒れたあのクーデター、《率兵上京計画》です（129ページだよ）。

パパ光は斉彬さんの遺志を受け継ぎ、天国の兄のために、どうしてもこの計画を実現させたかった……というわけじゃなく、

パパ光「これで中央の政治に関わってやるからな！　《公武合体》成功させて、都会デビューだ!!」

という、自分の野心のためだったんですけどね（この説が強め）。

パパ光は、とにかく公武合体をキメるため、家臣の**小松帯刀**（こまつたてわき）（この人も有名よ）さんや、そばで仕えるようになった、**大久保利通**さんと率兵上京計画の準備を進めます。そんな中、

大久保利通「この上京計画には、〝朝廷と交渉した経験〟を持つ人が必要だと思います！」

パパ光「今いるメンバーで大丈夫だろ」

大久保「西郷さんです！　彼には斉彬さんの上京計画のときの実績があります！　奄美大島から呼び戻しましょう！」

パパ光「……オレの言葉をスルーしたのはワザと？　それとも天然？」

大久保さんからモーレツなプッシュが入り、西郷さんが約3年ぶりにカムバック。

すぐ上京計画が伝えられるんですけど、ここでいきなり一波乱です。

パパ光「亡き兄の《率兵上京計画》を実行することとなった、よろしく頼む。まずは朝廷……」

西郷「やめた方がいい」

パパ光「……………え？」

西郷「斉彬公が上京しようとしていたときとは状況が違うし、今は公武合体が最善の策とも思えない。それに、大軍を連れて上京することによって〝ヤバいこと〟が起こる気がする……。ですので、計画は中止してください」

パパ光「…………まぁ、そんなこと言わず…」

西郷「お話を聞いた感じでは、準備も十分じゃない。甘すぎる」

パパ光「…………いや…」

西郷「それに、パパ光様は薩摩じゃエラいかしんねーけど、これといった地位や役職があるわけじゃない。藩を出たら、ただの〝一人の武士〟だ。他の大名との付き合いもねーから、改革なんてうまくいくはずがない」

パパ光「………でも…」

西郷「パパ光様は田舎者なんで、京都行こうが江戸行こうが、なんにもできない」

パパ光「……」

西郷「あんたは斉彬公に比べて人望がねーし、器が小っちゃすぎんだよ」
パパ光「……（あーキレるタイミング逃したわー。とりあえず……なんじゃコイツ！）」

2人のムードは最高潮。

もちろん、険悪な方で、です（諸説ありますが、西郷さん、ガチでこんなようなこと言ったらしいです）。

しかし、なんっとか大久保さんが2人を説得。どうにかこうにか西郷さんのプロジェクト参加が決定したのでした。


光の速さで仲の悪くなったパパ光と西郷さんですが、これ、プロローグです。

見といてください、このあと犬猿レベルがマックスになる事件が起こるんで。

もっと言えば、その事件を引き起こしたのが〝あるウワサ〟の正体です。

事の発端は、パパ光が西郷さんに出した命令から。

パパ光「西郷！　薩摩以外の九州が今どんな感じか、先に行って見てこい。そのあと〝下関〟で、オレらの到着待ってろ！」

この命令で、九州↓下関に向かう西郷さん。
その道中で、驚きの事態が発覚します。
「薩摩が大軍で上京する」というのが、志士たちの間で話題になっちゃったらしく……
そのウワサが回り回った結果……。

志士「薩摩、幕府倒すってよ!!」

幕府倒すことになってました。
パパ光は、幕府を改革しに行く人です。幕府を倒す人じゃないんです。
それなのに、

尊攘派「今が立ち上がるときだ!　薩摩と一緒に幕府ぶっ倒すぞ!!」

志士たちのまっすぐなカン違い止まりません。

久留米(くるめ)の真木和泉(まきいずみ)

庄内の清河八郎
長州の久坂玄瑞
など、有名な志士（この人たちまた出てくるよ）が、一斉に京都・大坂を目指し、さらに、

「パパ光様とともに幕府を倒す!!」

と、〝薩摩藩の志士〟までもが京都へ向かう始末……。

というわけで、尊攘派を元気にした〝あるウワサ〟の正体とは、

「カン違いされた薩摩上京物語」

のことだったんです。

現代から見れば、大がかりなすれ違いコント。

だけど、観客の西郷さんはまったく笑えません。

西郷「やっぱり〝ヤバいこと〟起こったじゃねーかよ!!　カン違いだって教えてやらねーと、
どんな騒動が起こるかわかんねーぞ!!」

尊攘派の暴走を止めるため、西郷さんも京都・大坂へ向かうことに。

はい、この行動で、事件確定です。

パパ光が下関に到着すると、

パパ光「西郷、なんでいねーんだよ（キレ笑い）」

こうなっちゃいますから。

ただでさえ嫌いなヤツが、今度は命令無視……MajiでKireそな5秒前。

そこへ、西郷さんともガッツリ交流ある、海江田（かいえだ）さんて人が、

海江田「なんか尊攘派の志士を『いいぞ！　もっとやれやれ！』ってあおるために、京都・大坂行ったらしいっす」

なぜかおもくそ間違った情報を提供し、

パパ光「な……（キレすぎて後ろに倒れかけたけど、ほぼイナバウアーで踏ん張り、体を起こすその反動で）西郷を薩摩に帰らせろーーーー!!」

完全ブチギレ強制送還。からの、

パパ光「島流しだーーーーー!!」

ダメ押しをお見舞いしたのでした（最初「徳之島（とくのしま）」、次に「沖永良部島（おきのえらぶじま）」に島チェンジされてるよ）。あの西郷隆盛、意外にも表舞台からドロップアウト経験あり。それも2度……でした。

そんな西郷さんへのガチギレがありながらも、パパ光は無事京都に到着。ですが、今度は尊攘派志士がウザすぎる。

尊攘派志士「薩摩が京都に到着したぞ！　幕府を倒すまであと少しだ！」

だから薩摩は、幕府を倒す気なんてないんだって……。
こいつらマジで公武合体の邪魔なんだよ……。
ピキッ！……ピキピキッ……！

募るイライラで、パパ光からイラ光に脱皮しようとしていたそのとき、

朝廷「今大丈夫……かな？　最近、志士が過激になりすぎて困ってる。どうにかしてもらえないか!?」

パパ光「（ピッ……）します!!」

朝廷から「尊攘派をおさえつけろ」という、渡りに船ってる命令が下るんです。

気にくわないヤツらを、堂々と蹴散らすことができる。パパ光、超嬉しい。

それとは逆に、薩摩の雰囲気に「？」を感じ始めた尊攘派志士は、とうとう気付きます。

志士たち「なんか……薩摩の動き変じゃね？　もしかして幕府倒すとかってのは……ないのかよオイ、チゲーのかよーーー!!」

勝手に盛り上がり、全力で意気消沈。

尊攘派志士、「17歳、夏。青春まっただ中！」みたいな感じ。

だけど、

志士1「こうなったら、京都所司代（っていう幕府の部署）のヤツ殺して……」
志士2「関白（っていう朝廷の役職）のくせに幕府寄りのアイツも殺して……」
志士3「2人の首をパパ光さんに見せてその気になってもらい……一緒に幕府ぶっ倒す!!」

考える内容が思春期じゃない。

志士たちは、このヤベー計画を、京都伏見の《寺田屋》という宿で密談します。

しかし、密談しちゃってるという情報はパパ光の耳にも届き……。

パパ光「アイツらのやることは全部止めろ！　で、寺田屋にいる薩摩藩のヤツらは、この薩摩藩邸（京都の薩摩のお屋敷）に連れ戻せ！　もし説得に応じなければ……臨機の処置を取れ」


薩摩志士を連れ戻すため、腕の立つ剣士を8人集め、寺田屋に向かわせたんです（あとで一人加わって合計9人）。

「臨機の処置を取れ」、すなわち、

「斬っても構わない」――。

ロングショットで見ると〝喜劇〟だったスレ違いも、衝突が起これば、〝悲劇〟。

寺田屋にいる薩摩志士が久光の命令を拒否すると、薩摩藩同士の凄絶な斬り合いが始まったのです。

乱戦の中、有馬（ありま）という志士は、薩摩剣士の体を壁に押しつけ、仲間に向かって叫びます。

有馬「おい（オレ）ごと刺せ！　おいごと刺せーー!!」

志士「………ああぁぁーーーー!!」

壁に折り重なった肉体を貫く刀。まもなく2人は壮絶な最期を遂げます。

薩摩剣士と、薩摩志士との間に待っていたのは、同士討ちという惨劇でした。

これ以上の争いを避けるため、剣士たちは新たに2階から下りてくる薩摩志士を必死に説得。

やがて、その思いは伝わり、志士たちはようやく薩摩藩邸に行くことを承諾したのでした。

この痛ましく悲壮な出来事。宿の名前から、

《寺田屋事件》（寺田屋騒動とも）

と呼ばれています（薩摩以外の志士たちは、自分の藩に帰されたり、逃げたり、処刑されたり、いろいろ）。

さて、《寺田屋事件》で尊攘派を一掃したパパ光。朝廷の信頼を勝ち取り、《**勅使**（ちょくし）（天皇の命令を伝える使者）》って人を味方にゲットするんですね。

この勅使と1000人の薩摩兵で江戸に乗り込んだパパ光は、「朝廷の指図で政治を変えたことなんてない」「外様のパパがキッカケとかありえない」と、ゴネまくる幕府をぶん殴り（プレッシャーかけただけね）、ついに念願のリフォーム、

文久（ぶんきゅう）の改革

ってのをスタートさせたわけです。

では、この改革で紹介したいところを1、2点、いや、5、6点記しておきましょう。

・《参勤交代》を、2年に1回→3年に1回に変更。
・西洋システムの軍隊《幕府陸軍》ってのつくる。
・洋学の研究や教育をする施設である蕃書調所（ばんしょしらべしょ）を《洋書調所（ようしょ）》って名前に変える。

・**榎本武揚**（この人、幕末のラストに大暴れ）などをオランダへ留学させる。

で、ここからは人事なんですが、これが重要。

井伊直弼によってハジかれていた、改革大好き《一橋派》が復活して、

一橋慶喜が、**将軍後見職**（将軍を後見するんだろうね）

松平春嶽が、**政事総裁職**（大老とほぼ一緒くらい偉い）

という、とにかく偉いポジションで帰ってきます。

でね、次に触れる人選こそ、幕末と〝彼〟にとって、分岐点となったものなんです。

幕府は、京都で増殖した、過激でアブねー尊攘派の志士を取り締まるため、

《京都守護職》

っていう、新しいポジションをつくるんですが、その候補に挙がったのが、

会津藩主・松平容保（今後の最重要人物の一人）さん。

幕府を動かし始めた慶喜&春嶽は、「会津は強ぇーから、ぜひとも京都守護職やってくれ！」って頼み込むんですが、これに会津の家臣は猛反対。

会津の家臣「殿、この話受けちゃダメ！　うちはすでにいろんな地方の警備やらされてるから お金ない！　それに尊攘派を取り締まる役目なんて、あいつらの恨み一気に買うよ！」
松平容保「そだな……断るわ。（春嶽さんとこ行って）というわけで、今回は辞退したいと思い……」
松平春嶽「あれー、なんて言いましたっけ？　ほら、会津さんの初代がつくった家訓」
容保「……会津家訓十五箇条……（エピソード0のやつ）」
春嶽「それそれ。あれの第一条って確か……」
容保「……徳川将軍に一生懸命尽くせ。もし裏切るような者がいたら、私の子孫ではない……」
春嶽「ふむ……どうします？」
容保「ずっりーなー!!」

鉄のオキテを持ち出された容保さんは、《京都守護職》をシブシブおっけーすることに。
容保さんと会津にとって、これが悲劇の始まりだったとわかるのは、まだ先のお話です。

それでは、エピソード8。最後の事件へと参りましょう。

改革が成功し、気分上々へイＤＪなパパ光は、〝大名行列（庶民は道をあけて「ははー！」のやつ）〟で、江戸から京都に戻ります。

今夜は手巻き寿司だなーなんて言ってると（言ってないです）、向こうの方から〝トラブル〟が馬に乗って歩いてくるんです。

それは、大名行列のルールなんてまったく知らないイギリス人４人組（男３女１）……。

薩摩側「なんだあいつら……（『馬下りてよけろ』のジェスチャー）」

イギリス人「ん？　はしっこ通れってか？」

薩摩側「違う、まず馬を下り……わ！　行列の中まで来やがった！　だから馬下りろ！」

イギリス人「なんか騒いでる。あ、引き返せってことか！」

馬をＵターンさせるイギリス人。

薩摩側「大きく動くな！　ちょ、邪魔、だか、下り…ちょ、邪…ちょ……」

斬ります。

一人のイギリス人を、ズバッ！　と斬って、そのあとまた数人がズバズバズバッ！　と斬る。

最後に薩摩藩士の一人（おそらく海江田さん）が、「もう助からないだろう」との一言を添えて、そのイギリス人にとどめを刺します（あとの男性2人も斬られて重傷。女性は帽子と髪の毛をちょこっと斬られただけで無傷）。

これ、生麦村（神奈川県ね）ってとこで起こった、

《生麦事件》

っていう大ハプニングなんですが、当然イギリスはバチギレます。

イギリス「あの辺は条約で、外国人が通っていい範囲だろ？　なのになんで斬られるんだ！」

薩摩「条約？　そんな幕府が勝手に結んだもん知らねーなぁ。無礼なことしたら〝斬る〟っていうのがルール。外国人だろうが日本人だろうが関係ない」

イギリス「……そういや、まず幕府から『大名行列がある』なんてお知らせ、来てねーよなあ……。おい幕府、10万ポンドよこせ」

幕府「えぇぇぇーーー!?　ちょ、え、こっちっすか!?　薩摩のヤロー……幕府困らせるためにやったんじゃねーのか!?」

幕府にまさかの賠償金のとばっちり（1両が現在のいくらかってのが非常にムズいんですが、10万ポンド＝40万ドル＝30万両＝90億〜135億円くらい？　なのかな？）。

ただ、この事件で麦とホップが香ったのは（影響を受けたのは）、幕府だけじゃありません。

薩摩も、まったく望んでないリアクションを収穫しちゃうんです。

尊攘派が、「堂々と外国人を斬るなんて、さすが薩摩！」ってな感じでむちゃくちゃ盛り上がり、パパ光が京都に着く頃には、

尊攘派「薩摩が攘夷のお手本を示してくれた！　オレたちも見習うぞ！」

と、完全に勢いを取り戻していたんです。

……自分で鎮めた尊攘派を、自分の手でまた盛り上げてしまった……私は一体……何がしたいんだ？

パパ光「ホントそんなんじゃないのに！　違うのに！　私…私……もう知らない！」

かわいそうに、イジけちゃった。

もうどうしよーもねーよと、パパ光は薩摩へ帰っちゃったのでした。


こうなると、尊攘派はもう止まりません。

ますます危険に、どんどん過激になる彼らが行ったのは、**テロリズム。**

残忍な殺戮（さつりく）に京都の町は震撼（しんかん）しますが、それに対抗する**幕末で最も有名なグループ**が誕生します。

すっごく意外な始まり方で――。

エピソード9

血にけぶる町。集う剣士。青い戦争がありました

京都では剣客集団《新選組》が登場、不穏な空気は爆発寸前。薩摩では、イギリスとの戦争によって、時代が大きく変わる！　そして長州では……!?

幕末エピソード9です。
おさらいです。

薩摩のパパ光が兵を率いて上京計画。
←
お手伝いのため、西郷さん復活。
←
パパ光を怒らせて、ソッコー、島に流される西郷さん。

←
尊攘派「薩摩が幕府を倒す！」とカン違い。
←
スレ違いから《寺田屋事件》ボッ発。
←
パパ光《文久の改革》で、公武合体いい感じ。
←
でも《生麦事件》起こして、尊攘派また盛り上がる。

パパ光が帰ったあと、京都では尊攘派が大フィーバー。

その中で最もcoolだったのが、久坂玄瑞や桂小五郎を中心とした、**ザ・尊攘派の長州藩**でした。

飛ぶ鳥を落とす勢いとはまさにこのことで、とにかくイッケイケ。

尊王攘夷の風を朝廷にまでビュンビュン届けちゃうんです。


長州「幕府はいずれ攘夷するって言ってたけど、そんなんぬるくねーすか？　あっちの顔面に3ミリくらいまで顔近づけて、『今すぐ攘夷やれ』って迫りましょうよ」

公家「だな！　こうなったら顔面2ミリまで行く！　よし、お出かけだ」

その風をモロに浴びた、長州と仲良し公家の、

三条実美（さんじょうさねとみ）(このあとちょこちょこ出てくるはず) さんと姉小路（あねがこうじ）さんは、幕府に乗り込み、

三条実美「攘夷やれ！　気持ちは顔面1ミリだよ！」

徳川家茂「顔面1ミリがなんのことかわからないですが……。来…年……来年そちらへ伺ってお返事します」

家茂ちゃんの京都旅行を決定させます。長州の暴風は、将軍を京都へ運ぶほどに吹き荒れていたんですね。

でもこのときの京都、将軍が行くには危なすぎ。

Q. なんで？

A. フツーにテロがあるから。

尊王攘夷を掲げ、「天誅（天罰）！」ってことで人を斬るマジヤバなヤツら。

尊王攘夷かどうかも疑わしい、「とりあえず斬ろー」っていう、イッちゃってるヤツら。

とにかく斬っちゃうヤツらの巣窟……それが、京都だったんです。

我が京都を誰がこんな風に……（僕、京都出身じゃないですけど）。

では、京都がテロだらけになることに関わった人物を、一人ご紹介しておきましょう。

土佐藩（高知県）の志士、

武市半平太

という人。

《土佐勤王党》

っていう、バリバリ尊王攘夷なグループを結成した、土佐の尊攘派のリーダーです。

「みんな尊王攘夷頑張ってるから、オレも負けないぞ！」と、つい最近上京してきたパワフルな土佐の男。

《公武合体派》だった土佐藩を、自分の力で《尊王攘夷派》に変えての上京です。頑張り屋さんです。

公武合体&開国派の、吉田東洋さんて人と対立し、最後は東洋さんに勝ったんです。青春

です。で、その吉田東洋さんに勝った方法が、
暗殺です。
急に怖い。
やり方がエグい。暗の殺は怖い。

そして、京都に来た武市さん。
ところ変わればやり方変わ……らず暗殺。
ずっと怖い。暗&殺は怖い。

しかし、武市さんは常に指示を出す人。暗殺を実行していたのは、
岡田以蔵(おかだいぞう)(〝人斬り以蔵〟という異名がついてたよ。土佐の人だよ)
田中新兵衛(たなかしんべえ)(薩摩の人だよ)
という2人。
ちなみに、
中村半次郎(なかむらはんじろう)(この人も〝人斬り半次郎〟なんて呼ばれてたよ)
河上彦斎(かわかみげんさい)(漫画『るろうに剣心』の主人公、〝緋村剣心(ひむらけんしん)〟のモデルとなった人だよ)

という、〝人斬り〟がさらに2名加わって、

幕末の四大人斬り

なんて呼ばれていました。

彼らが暗殺のターゲットにしたのは、

・安政の大獄で、尊攘派の逮捕に関わったヤツ

・公武合体で、和宮さんが家茂ちゃんに嫁ぐのに関わったヤツ

・尊攘派を裏切り、幕府寄りになったとされるヤツ

って人たちなんですが、ただ斬るだけじゃないから、エグみは増します。

暗殺された者の体の一部を、次のターゲットへの〝警告〟として利用するんです。

斬った首を門の前に置いたり、腕や耳を屋敷に投げ込んだり――。

「これ以上邪魔をすれば、お前もこうなる」というメッセージの代わりに……。

マーーーーーーージで怖い!!

武市さんや人斬りの活躍（？）により、京都は〝歴史とテロ〟を味わう町（？）になっていたのでした。

これだけヤバい京都に、「来年伺います」と宣言しちゃった家茂ちゃん。魑魅魍魎(ちみもうりょう)が跋扈(ばっこ)する世界に、幼児が飛び込むようなものだし、なかなかのダイヤを首からぶら下げて、スラム街を堂々と歩くようなものです(とにかくアブナイ)。

幕府の人「ピーーーーーンチ!! 京都に将軍様が行くなんて……アマリニキケンスギル!」

何かあってからでは遅いと、幕府関係者は冷や汗がリッターで出る思い。《京都守護職》を任された会津の松平容保さんも、会津兵を1000人連れて京都にいましたが、それでもまだ人手が足りない。猫の手も借りたいモード突入! の、そんなとき、

清河八郎

という人から、こんな発案が。

清河八郎「将軍様を守るため、京都の安全を回復するため、ボディガードを募集しましょう! 腕の立つヤツなら身分なんて関係ないっすよ。それに、今までに罪を犯した浪

士（フリーター武士）も、これに参加するなら許してやりましょう！　そうすれば応募も増えると思います。将軍と京都を守りましょうよ！」

松平春嶽「確かに、アブねー浪士のヤツら持て余してたし、そいつらがボディガードになるなら一挙両得……。よし、採用！　身分関係ない！　罪も許す！　とにかく募集だ!!」

幕府関係者はそのアイデアに食いつき、強ぇーヤツを募りに募ります。

そのかいあって、集まった人数、234人。

ここに、将軍警護と京都の平和を取り戻すためのグループ、

《浪士組（ろうしぐみ）》

が結成されたのでした。

け・ど・も……。

《浪士組》の発案者、清河八郎。

この名前にピンときた方おられますか？

何か引っかかった方、違和感を覚えた方。素晴らしいです（エクセレント）。

前回「薩摩が幕府を倒すらしい！」とカン違いした志士がたくさんいたとお伝えしました

が、そのウワサを流し、薩摩に大きく期待した志士の一人が、この清河八郎です（191ページに名前だけ登場してるよ）。

ん？　清河さんは幕府が倒れることを願う、根っからの尊攘派ってことでしょ？　そんな人が、なんで将軍を守るグループをつくるの？　なぜ幕府の助けになることを⁇

ボディガードたちを連れた清河さんが、京都の《新徳寺（しんとくじ）》というお寺に着いたとき、その答えが明らかに。

清河八郎の本性、現れます。

清河八郎「フフフフフ……ハッハッハッハッハ……ハーーッハッハッハッハッハッハッハ!!　私は以前……」

浪士組「怖い怖い怖い怖い！　いっぱい笑ったあとすぐしゃべり出した！」

清河「幕府の手先に罵られ、カッとなりそいつを斬ってしまった。そして、そのことにより幕府から追われる立場となった……」

浪士組「……なんか身の上話始めたぞ……どうリアクションとってあげればいいんだ？」

清河「しかし……今回の企画が通り、仲間たちの罪が許され、私自身の罪も許された……フ

浪士組「じゃ…自分の罪を帳消しにするために、このボディガード募集を考えた……ってこと？　なんてヤツだ……。ただ、頭はいい……」

清河「さて、ここからが本題だ……。皆！　将軍警護の名の下、よく集まってくれた！　しかーし……本当の目的は違う!!」

浪士組「!?」

清河「みなさんには志士となってもらいます」

浪士組「………へ？」

清河「君たちには、尊王攘夷の最前線で働いてもらう!!」

浪士組「………えーーーーーーー!?」

清河「幕府の呼びかけで集まってもらった君たちだが、その幕府に給料をもらっているわけじゃない。君たちは浪人だろ？　だったら自由に動くべきだ！　朝廷が目指す攘夷を実行し、日本のために立ち上がろうじゃないか！」

浪士組「戸惑うけど一理あるーーー!!」

清河「そして、《生麦事件》の報復でイギリスが攻撃してくるかもだから、攘夷のため関東に戻るぞ！」

浪士組「うぇーーーーーーーー!?」

「えー!!」と「うぇー!?」でした。

すべては清河八郎の策略。

幕府の広告力と金で人を集め、それをそっくりそのまま尊王攘夷派にいただいちゃう。

敵の力を利用して、自分たちの仲間を増やすという、ギョーテンなことをやりやがったのでした。

ところが……。

芹沢「は？　ヤなんだけど」

近藤「オレら京都残って、将軍様守るわ」

浪士組の何人かが清河さんに反発。

「勝手にすれば！」と、清河さんはかなり怒ったらしいんですが、「将軍と京都を守る」という目的を曲げなかった24人の武士が、京都に残ることを決断します。

その後、彼らの面倒を**会津藩**が見ることとなり、

《壬生浪士組》ってのを結成。

メンバーは、

芹沢鴨
新見錦
近藤勇
土方歳三
沖田総司
山南敬助……etc.

知ってた人も、途中でピンときた方も多いと思いますが……

そう、この集団が、のちの、

新選組

です。

幕末史にその名を残す剣客集団《新選組》。

多くの人を魅了するその要因は、誕生の瞬間にも垣間見えた、〝武士として〟という点に集約されているのかもしれません（知的な言い回しができました）。

さて、清河と浪士で三モンチャクくらいしてる最中、将軍・家茂ちゃんがついに……京都トウチャーク。

徳川将軍が上洛（京都に入ること）するのは、３代将軍の家光さん以来。実に２２９年ぶりの一大イベントです（財政厳しいのに、とんでもない大枚はたいての大行列だったんだって）。

ただ、旅行気分なんて一切ナシ。だって……

朝廷「京都いらっしゃい、で、攘夷いつ？　条約はいつ解消!?　ねぇいつ!?」

これ言われるために来てるので。

攘夷を誓わないといけない雰囲気がバリバリすぎる……。

義理の兄の孝明天皇（《奥さん＝和宮さん》のお兄さまだからね）の期待にも応えないといけないし……ドックン……。

迫る公家……ドックン……にらむ志士……ドックン……何か……ドックン……何か言わないと……ドックン……ドックン……ドックン…

家茂&幕府の人たち「じゃ5月10日に……」

日にち決めちゃった。攘夷する具体的な日にち決めちゃった。

で、そのあと、幕府はあらためて焦るんです。

幕府の怯えてる人「どうしよう……攘夷をして外国と戦争になんかなったら……あー考えただけでトリ肌さんだよ……」

幕府のビビってる人「……攘夷をしたっていう形だけ見せれば……大丈夫じゃ……？」

怯えてる人「なになに？　なんかいいこと言いそう」

ビビってる人「外国には文書で『条約を解消する！』って伝えとく。で、直接会ったときに『あれ違うんですよ～ウソウソ！』って言えば、なんとかなるんじゃないですか？」

怯えてる人「なるほど……うん、いける。それでいこう！　5月10日キッチリに何かするヤツなんていないし、攘夷だからってリアルに外国人を攻撃するヤツなんていないいしな！　ｗｗｗｗｗ」

いたんです。

5月10日きっかり、外国船に向かって、大砲をぶっ放したクレイジーな集団が。

そう、**イケイケ長州藩**です。

長州は、兵と船と大砲を用意して、馬関海峡（関門海峡だよ）を封鎖。

停泊していたアメリカ船を発見すると、

ドーーーーーーーーーーン!!

大砲かまします。

23日にはフランス船にドーーーーン！

26日にはオランダ船にドーーーーン！

久坂玄瑞「おっしゃーーーーーー!!」

長州藩「ヒャッハーーーーーーーー!!」

朝廷「よくやったーーーーーーーーーー!!」

イケイケのアゲアゲのバイブス感じまくり。

お祭りだ。いやクラブだ。いやこれはカテゴリーがまるで違う何かだ。

というテンションが続いていたのでした。

しかし、この盛り上がりはすぐに終息。なぜなら米&仏が仕返しにやって来て、ハゲんじゃねーかってほどフルボッコにされたから。

あちらにも多少の被害は出たものの、長州側の被害はレベルが違います。

船は沈められるわ、砲台はぶっ壊されるわ、おまけに陸に上がって民家は焼かれるわ……。

外国の力をまざまざと見せつけられ、長州は焦ります。

長州藩「このままじゃヤバい……今後外国に立ち向かうことなんてできない………。あいつを呼べ……あいつを呼び戻すんだ!!」

長州のピンチに呼び戻された〝あいつ〟の名は、

高杉晋作。

久坂玄瑞と並び、「松下村塾の双璧」と称された孤高の才能。

長州の人「呼び戻すんだ！　上海に渡り、イギリス、フランスに敗れた清（中国）の実情を目の当たりにして、欧米の力を肌で感じた、あの晋作を！」

長州の人「日本に帰ってきてすぐ、船が欲しすぎて、許可なく藩の金で買おうとしたら、長州藩にムチャクチャ怒られた、あの晋作を！」

長州の人「『薩摩藩は、イギリス人を生麦村で斬って攘夷をやったんだから、オレたちも負けてらんねーだろ！』って言って、久坂や伊藤博文たちと一緒に、品川にあるイギリスの公使館を焼き討ちした（英国公使館焼き討ち事件）、あの晋作を！」

長州の人「攘夷もやらねーし行動も起こさねー長州藩に愛想をつかし、『10年お暇いただきます』って言って髪の毛を剃って『東行』って名前の坊主になり、表舞台から消えた、あの晋作を！」

——そんな晋作（どんな晋作）を、長州藩は呼び戻したのでした。

外国にケチョンケチョンにやられてしまったこのピンチに、何かいい策はないかと尋ねられ、晋作は答えます。

高杉晋作「ある！　志があるヤツを……武士であろうが農民であろうが、身分に関係なく募り、一つの〝隊〟を結成するんです。正規の兵に対して、その名も……《奇兵隊》！」

長州の人「《奇兵隊》!?」

晋作「平和ボケでグータラになり、古い戦いしか知らない武士よりも、モチベーションが高くて腕に覚えのあるヤツらが、得意な武器を持って自由に戦った方が、長州のパワーアップにつながる！　その名も……**《奇兵隊》**！」

長州の人「………」

身分をメチャ重んじるこの時代に、**能力主義の部隊をつくり上げる**という画期的なことを、晋作はやってのけたのでした。

外国からのハンパない攻撃をくらった長州。

実はその直後生麦、外国からの生麦、猛攻を受けた藩が他にもあったんです生麦。

そう、薩摩藩です（ヒントをちりばめたように、原因は「生麦事件」だよ）。

生麦事件で幕府に賠償金を請求したイギリスは、

「やっぱ薩摩にも個別で請求すんぞ！」

となったんですね（パパ光が薩摩に帰ったのは、イギリスが来ることに備えたってのもあるよ）。

イギリス「賠償金払ってもらおうか」

薩摩藩「『外国人も大名行列はジャマすんな』って条約に入れてなかった幕府に落ち度があるんだし、イギリス人を斬った犯人は逃走して、今捜してる最中だ（大ウソ）。つまり、《生麦事件》に関して〝薩摩藩の責任〟はねーな」

イギリス「大アリだよ。本気で払わねーってんなら、力ずくでいくことになるぞ」

イギリス、薩摩を脅しにかかります。

イギリス「薩摩の船を捕まえろ！　乗組員を人質に取って、賠償金払わせるぞ！」

五代友厚「というわけで捕まりました！　捕虜というやつになってしまいました！」

何艘（なんそう）かの船が捕まり、五代友厚（ごだいともあつ）さんて人たちが人質に取られた薩摩藩（ディーン・フジオカファンの方、かつてディーンさんがＮＨＫの朝ドラで演じられた、あの〝五代さん〟です）。

薩摩藩「ふ、船が捕まり…仲間が捕虜に……。こうなったらもう仕方がない……」

ドーーーーーーーーーーン!!

薩摩、大砲撃ちます。

人質取られて差し出したのは鉛玉(なまりだま)。長州に負けず劣らず、薩摩もイケイケ。

イギリス「なめくさってるなコルァァァ！　ブっ潰してやらぁぁぁーーーーー!!」

薩摩藩「来るなら来いやーーーーー!!」

のちに、

薩英戦争(さつえいせんそう)と呼ばれた戦闘が、鼓膜をつきさす怒号と、大砲入り乱れる轟音(ごうおん)とともに、開始されたのでした。

はしょります。終了。

では結果報告。

暴風雨や船の故障で、イギリスがちょいとピンチを迎え、イギリス側の被害↓死者13人、負傷者50人。

薩摩側の被害↓死者5人、負傷者十数人。

という結果に。

じゃ、薩摩の勝ちかというと、
船やら、大砲やら、鹿児島城の一部やら、寺社やら、集成館やら、民家（約350戸）やら、藩士屋敷（約160戸）やらが焼失。

市街地の10分の1が、火災で消えてなくなったことになります。

うーーーん……とてもじゃないけど、「勝った！」とは言えない……。

とにかく「もう十分戦ったから終わりにしよ！」ということになり、薩摩はイギリスに賠償金（2万5000ポンド）を払うことを約束します。

でもそのお金は……

薩摩「おい幕府、金貸してくれよ」
幕府「も〜なんでよ〜なんでまたあんたはも〜！　あんたのせいでこっちはどんだけ大金払ったと思ってんのよ！」
薩摩「今度は借りるだけだよ！　おー、まだけっこう貯め込んでんじゃねーか……いただいてくかんな！」

幕府「ちょっと待ちなさ……!!……なんで私ばっかこんな目に……（うるうる）」

幕府から借りました。

で、返すつもりありませんでした。で、返してないです。

しかし、賠償金ふんだくりよりも驚きなのは、薩摩とイギリスの間に生まれた関係性。

薩摩「イギリスの軍事力、科学力ってのは、やっぱスゲーんだな。あ、今度そっちから、船……買ってもいーか？」

イギリス「ああ、いいとも。そっちこそなかなかやるな。薩摩がこんなに骨のあるヤツだとは思わなかったよ」

薩摩「へへへ」

イギリス「ふふふ」

薩摩とイギリス、仲良くなっちゃった。

河川敷で殴り合ったら、土手に寝転がって友情芽生える理論です。

薩英戦争によって、攘夷をすることがいかに無謀なことかを悟った薩摩藩。

イギリスという強力な後ろ盾を手に入れた彼らは、〝ある答え〟に向かって歩み始めます。

一方長州は……ガマンできないので言っちゃいますが、ここから長州に待っているのは、

〝転落〟です。

エピソード10

「御用改めするね」と君が言うキッカケになったから8月18日はイケダ記念日

かの有名な《池田屋事件》で血が流れる。
ついに、音を立てて古い時代が壊れていく！

幕末エピソード10をご覧ください。
ということは、おさらいですね。

将軍・家茂ちゃん、京都に行くことケッテー。
←
将軍守るため《壬生浪士組》結成。のちの《新選組》。
←

幕府「5月10日攘夷します」って言う。
←
長州だけ、5月10日にちゃんと外国攻撃する。
←
で、仕返しされちゃう。
←
薩摩、イギリスと戦う（薩英戦争）。
←
薩摩とイギリス、仲良くなっちゃう。

薩摩はイギリスと戦い、「こりゃ敵わねぇや！　仲良くしよ！」てな感じに方向転換します。

長州も外国と戦い、

「ガンガン攘夷いくぞぉぉーー!!」

長州はまったく懲りてません。

外国には負けたけど、京都での長州の勢いは健在だから、いまだイケイケ（逆に薩摩は京都でハブられてます。気になったら調べてみて！　キーワードは〝殺人事件〟と〝田中新兵衛〟。

ただ、そんなイケイケ長州にも大きな不満がありました。

長州「オレたちは攘夷したのに、他はどこもやらねーじゃねーか！　こっちが外国と戦っても見て見ぬふりで、幕府も、他の藩も、後に続かない！　こうなったら……攘夷をやらざるを得ない状況をつくり出してやる！」

体の成分が、水と攘夷で構成された、

久坂玄瑞（長州のリーダー的存在）

さんや、

真木和泉（長州と行動してる久留米の志士）

さんは、過激な……それはそれは過激な計画を考えつくんです……。

その計画のタイトルは、

『孝明天皇の……奈良へのお出かけ』

……………過激か？

過激です。この〝旅のしおり〟を見てください。

孝明天皇、奈良へお出かけ。

←

神武天皇陵（初代とされる天皇のお墓だよ）と、春日大社（神社だよ）で攘夷を誓ってもらう。

←

攘夷の軍議（戦いの会議）を開いてもらう。

……………過激なのか？

過激なんです。この〝計算式〟を見てください。

《天皇がオフィシャルに攘夷を誓う》＋《天皇が軍議を開く》＝《天皇自らが戦いの指揮をとる！》

からの、

《もう幕府は戦いの指揮をとらなくていい！》＝《もはや幕府なんていらねーよ！》

です。つまり、今回のお出かけが意味するのは……

久坂玄瑞「攘夷の戦いをしねー幕府なんて用無しだ！　これからは天皇をトップとしたオレたちが攘夷を進めていく！」

真木和泉「幕府はそれに従ってもらうまでだ！　ウダウダ言ってくるようなら……」

久坂&真木「滅ぼす!!」

ね、過激でしょ。

孝明天皇の大和行幸（大和＝奈良県。行幸＝天皇が外出することだよ）と呼ばれることの行動には、「幕府の存在否定&なんならブッ壊す！」が含まれてたんです。

計画は、長州仲良し公家の三条実美さんたちによりグイグイ進められ、あとは実行の日を待つばかりとなります。が、ここで一つ問題が。

この計画をちょーー嫌ってる人がいまして、それが何を隠そう、

孝明天皇だったんです。

天皇は外国人が大ッキライで攘夷をやりたいんですが、それは幕府の仕事だと思ってるんですね。自分が戦いの先頭に立つことなんて、まったく望んでない。

そして重要なのが、孝明天皇は幕府が好きだし、幕府を頼りに思ってるってとこです。
だから幕府を倒すなんて、マジで意味がわからない。
これらのことから、孝明天皇が長州や尊攘派に抱いた感情は……

嫌悪感です――。
やがて、孝明天皇の思いと、長州へ向けられた怒りの集合体が、シュピーーン!!　と、合わさります。

会津藩「幕府を倒すだ？　その前にこっちが長州ブチのめしてやるよ！」
薩摩藩「これ以上長州にデカい顔されてたまるかよ！」

水面下で手を結んだ会津と薩摩（と中川宮（なかがわのみや）さんて皇族）は決めました。
「長州にサプライズしてあげよ」って。

文久3年8月18日（1863年9月30日）、
深夜から早朝にかけ、会津・薩摩によるサプライズの準備が完了。

スタンバイが整ったところで、

命令する人「三条さん。あんた今から外出禁止だ。それに人と会うのも禁止な」

三条実美「…………え!?」

三条さんたち公家に、禁止令が……。

不穏すぎる空気を感じた長州は、御所（天皇の住まい）を見て、たまげます。

ズーーーーーン!!

ズーーーーーーーン!!

ズーーーーーーーーーン!!

長州「い！！！！」

2000を超える会津・薩摩の兵が、御所の門を守り固めていたんです（ほかの藩もいたよ）。

長州「な、な……なんじゃこりゃ!!」

アリ一匹くらいなら通れるけど、ハムスターだと絶対通れない厳戒態勢。

会津「長州は《堺町御門(さかいまちごもん)》の警備から外された！　御所に入ることも許されん!!」(御所にあるたくさんの門の警備を、いろんな藩が担当してたんだよ)

長州「な……！　聞いてないぞ!!」

薩摩「言ってない！　京都から立ち去れ!!」

一触即発。

ピーーーーーン……。

張り詰めた空気を〝ツン〟とつつけば、今にも起こる大爆発。

ジーーーーーー………。

長いにらみ合いの中で、長州は考えます。

長州「会津と薩摩への攻撃は、やつらのすぐ後ろにある御所への攻撃を意味する。そうなればこちらが、朝敵（天皇・朝廷に反逆するヤツ。つまり完ペキな〝悪〟）……。納得いかねー!!」

攻撃!?　退散!?　長州ルーレットはこの2つを行ったり来たり。そしてついに……

ピピピピピピ……ピ…ピ…ピ……ピーーー!!

長州「退散だぁーーーー!!」
会津・薩摩「オッシャーーーー!!」

会津&薩摩のサプライズは大成功を収めたのでした。

久坂「三条さん、長州藩まで来てください！　ここはいったん引き上げましょう！」
三条「聞いてないぞ！」
久坂「言ってねーし、オレも聞いてねーよ！」

雨の降り続く中、三条実美たち7人の公卿（エラい公家さん）が、長州藩へ下ったことを、

七卿落ち（しちきょうお）

と呼び、京都から過激な尊攘派がいっせいに追い出されたこのクーデターを、

八月十八日の政変

と言います（脱藩したフリーの志士たちは、まとめて長州藩にご厄介になってます）。

さて、京都から尊攘派が一掃されたら、新たな政治体制の始まりです。

朝廷は、京都に幕末オールスターを集めます。

《幕府の若手ツートップ》

一橋慶喜（将軍後見職）

松平容保（京都守護職）

《ほぼ四賢侯》

松平春嶽（前福井藩主）

山内容堂（前土佐藩主）

伊達宗城（前宇和島藩主）

島津久光（薩摩藩主・島津忠義のパパ）

このメンバーで、

「〝会議〟をして政治をやっていこう！」

というんだから新しい。この「議会とかやってこうぜ！」って考えを《公議政体論(こうぎせいたいろん)》っていうんで頭の片隅にでもどうぞ。

集められた6人は、《参預(さんよ)》って職に任命され、

参預会議

と呼ばれる話し合いがスタートするんですが、この会議でのテーマは2つ！

「長州について」

と、

「条約をナシにするなんて絶対ムリなんだけど、天皇は攘夷を望まれてる。うーん……。現実的にできるとすれば『開いた横浜の港をまた閉じる』ぐらいかな……でもどうする？」

です。

そして、ある日の会議。

パパ光（島津久光）「では、これまでのみなさんの意見をまとめると、『横浜港は開いたま

ま』ということでよろしいですか？」
松平春嶽「それが一番でしょうね」
伊達宗城「確かに」
パパ光「よかった。それでは満場一致で……」
一橋慶喜「いや、横浜港は閉じましょう」
パパ光「……あん？」

一人だけ「横浜閉じる」をブッ込んだ慶喜くん。

けど……この男も実は、〝開国派〟なんです。

では、なぜこのボンボンはいきなりこんなことを言い出したのでしょうか。慶喜くんの頭の中をご覧ください。


慶喜「ここで『横浜閉じよう！』って主張したら、朝廷を味方につけることができる。フフ。それにだ……老中たちからあんなこと言われたら〝閉じる〟って言うしかねーよなぁ……。

（ここからさらに回想シーン）

老中『慶喜さん、ちょっといいですか。横浜港は閉じてくださいね』

慶喜『え!?　ちょっと待ってください、みなさん、開国には賛成のはずじゃ……？』

老中『賛成です。賛成ですが、問題はリーダーシップを執ってるのが、〝薩摩〟ってところです。ついこの間まで〝長州〟のヤツらにいいように扱われて、今度は〝薩摩〟の主張に乗っかる……これじゃ幕府に決定権がないみたいでしょ！』

慶喜『だ、だけど……』

老中『薩摩が〝開く〟なら、幕府は〝閉じる〟です！　聞き届けていただけないなら、私たちは老中を辞職します！』

慶喜『えぇ!?　ちょっと待っ……』

（回想終わり）

この国の未来より、自分たちのメンツの方が大事ってか……。なんて連中だ！　でも辞められるのは困る！　〝閉じる〟でいこう！」

こんなことがあったから、慶喜くんは「横浜港を閉じる」側にまわったんですね。

春嶽「慶喜くん！　君もこの間まで開国を……」

慶喜「変わりました」

パパ光「……そもそも幕府が勝手に開国しといて、今度は港を閉じましょう……テメーの人生閉じてやろうか？」

慶喜「天皇のご意思を尊重したまでです……やってみろよスイートポテト野郎」

とにかく、パパ光と慶喜くんが大モメ。

見かねた中川宮さんが、「仲良くいこうぜ〜」とお酒の席を設けたのですが、酔っ払ってベロンベロンになった慶喜くんは……

慶喜「中川宮さん。ころはんにん、ころ、この3人（パパ光、春嶽、宗城）はねぇ！　この世でトップの、これ以上ない大バカ！　悪知恵しか働かないひねくれ野郎ですよ！　こんなヤツらと将軍後見職、の、私を、一緒にしないでほしい！」

中川宮「ちょ、ちょっと！……（3人の方をソッと見てみる）」

3人「（キレすぎて、青い炎）」

暴言吐いてKAIGI NO OWARI。ちなみに慶喜くんは「天下の大愚物（だいぐぶつ）、大奸物（だいかんぶつ）

だ！（日本一の大バカ、大悪人だ）」って本当に言ったらしいっす。
お互いの意見合わねーし……その意見を聞く朝廷は優柔不断だし……

参預たち「やってられっかーーーー!!」

となり、全員《参預》を辞めます。たった2ヶ月くらいで《参預会議》は終了。
というわけで、以上、『そして誰もいなくなった京都編』をご覧いただきました。
と、思ってたら……

慶喜「やっぱ、京都の政治オレやるよ」

なんと、トラブルを振りまいた慶喜くんがまさかの残留。
しかも、《将軍後見職》を辞めて、
禁裏御守衛総督（きんりごしゅえいそうとく）（〝禁裏〟ってのは御所のことだよ）
っていう、スゲー〝京都寄り〟な役職に就任するんです。
そこに、容保さんと、その弟くん、

桑名藩主・松平定敬が加わって、3人によるニュースシステム、**一会桑政権**（《一橋》《会津》《桑名》の頭文字からだね）ってのができ上がり、このあとの京都をギュウジっていくのでした。えげつないですね、慶喜くんの暴れっぷり。

エピローグ。
幕府から離れ、独自の政権を築いた一会桑。
かたや京都を追い出され、長州に引っ込んだ尊攘派は、政治や権力を遠い目で見ながら、みんな仲良くひっそりと暮らしましたとさ――。
ウソです。そんなわけにはいきません。

尊攘派「京都戻るぞおらぁぁぁ!!　またオレらの時代を取り戻すためになぁぁぁ!!　勢力挽回だ!!」

エピ（ローグ）るわけなかった。

尊攘派は京都に舞い戻り、潜伏。復活の機会をうかがい、モゾモゾと蠢いていたんです。

でもそんな動きをすると、〝あのグループ〟がソッコー反応するんですね。

ダンダラ模様で白く染め抜いた浅葱色の羽織。

掲げる旗には「誠」の文字。

鉄の掟で統制された剣士集団。

新選組です（「八月十八日の政変」のあとに、名前変わって《新選組》になりました）。

危険分子を排除するため、京都の町を捜索する新選組。そのアンテナに、《桝屋》という店の商人が引っかかります。

局長・近藤勇と副長・土方歳三は、桝屋主人を拷問。2人の睨んだ通り、桝屋主人の正体は、古高俊太郎という尊攘派志士だったのです。

さらに、古高の口からは、驚くべき計画が語られたのでした。

古高俊太郎「……強く……激しく風が吹く日を選び……御所に火を放つ」
近藤&土方「!!」
古高「……その混乱に乗じて…中川宮を幽閉し、一橋慶喜、松平容保を暗殺したあと……」
近藤&土方「…………」

古高「孝明天皇を長州へ連れ去る――」
近藤&土方「……ムチャクチャか！」

驚愕でした。

最初から最後まで全部悪いことしか言ってないから。

一つ一つのパンチが強すぎる、史上最悪のギャラクシークーデターです。

五感がフル動員で警鐘を鳴らしている。尊攘派の集会場所を見つけて、計画を未然に阻止しなけりゃ……

何もかもが終わる――。


新選組総員、出動。

近藤と土方は探索チームを二手に分けます。

鴨川の西を近藤隊10名。東を土方隊24名。

焦燥に駆られながら、旅宿を一軒一軒シラミつぶしにあたっていく2つの隊。

そして、近藤隊が《池田屋》という宿に着いたとき、その瞬間は訪れたのでした。

沖田総司、永倉新八、藤堂平助とともに、池田屋の中に入る近藤（他の隊士は屋外で見張り）。

近藤「主人はいるか！　御用改め（家宅捜索）だ！」

虚を衝かれた池田屋主人。近藤の言葉は、彼から一切のカムフラージュを削ぎ落とします。そうして焦った主人が〝上〟に放ったセリフは、今後の展開を決定づけたのです。

池田屋主人「みなさま！　旅客調べでございます!!」

近藤たちは瞬時に悟ります。

敵が……2階にいる!!

瞳孔を目一杯開き、裏階段を駆け上がる近藤と沖田。

思いが先にたどり着き、体が遅れてやって来た2階の奥座敷。そこには、20人以上の尊攘派志士が抜刀して待ち構えていたのでした。

近藤「御用改めだぁぁ！！！　刃向かえば、容赦なく斬り捨てる！！！」

即座に状況を把握した志士たち。
近藤の絶叫が合図となったかのように、大多数の志士が裏庭に飛び降り、その場から逃亡。

沖田「ここはオレが引き受けた！　近藤さんは下へ！」

近藤は沖田の言葉ですぐさま階下へ向かいます。

志士「ぅあああぁーーーー!!」

ザンッ！！！
襲ってきた志士を、難なく斬り捨てる沖田。
たじろぐ志士たちに次の動作を仕掛けようとしたそのとき、

沖田「ウッ…クフッ…ぅ……ブハッ!!」

肺結核を患っていた沖田は血を吐き、その場にうずくまったのでした。

残っていた志士は、その隙に階下へと逃れます。

一方、グルンと場面かわり、1階での闘争。

額を割られた藤堂は、流れ出る血が目に入り、戦闘が困難な状態に陥っていました。

数人の敵を斬り倒した永倉が助けに入りますが、その永倉も目の前の敵に押され始めます。

劣勢が続く2人。最悪の結末がよぎりかけたその刹那、
ズシャッ！！！

沈んでいく志士の向こうに見えたのは、裏庭から仲間の危機に駆けつけた、近藤の姿でした。

沖田と藤堂は戦闘を行える状態ではなく、近藤が手にした刀はボロボロ。

永倉は左親指を負傷した上、刀も真っ二つに折れています。

戦況は最悪。だが、終わるわけにはいかない。

自分たちに課せられた使命はなんだ？

目の前の〝悪〟を駆逐してこその新選組。

貫くべき信念は今、この瞬間にある。

ここで終わるわけには……こんなところで終わるわけには……いかない……!!

土方隊「近藤さん!!」

絶体絶命の近藤隊の前に現れたのは、土方率いる別働隊。

新選組、完全復活。

そこから間もなく諸藩の兵士たちも到着し、池田屋をグルリと囲みます。

人数を得た新選組は息を吹き返し、残っている志士を次々と捕縛していったのでした。

尊攘派の野望を打ち砕き、新選組の名前を一躍有名にした、これが世に言う、
《池田屋事件》です（大まかな流れはこんな感じって言われてるけど、池田屋事件の内容や人数には諸説あります。当時は電気がないから暗くてよくわかんないもんね）。

この騒動で、
宮部鼎蔵（みやべていぞう）（元・熊本藩士。松陰のお友達）
吉田稔麿（よしだとしまろ）（長州藩士。松下村塾四天王の一人）
望月亀弥太（もちづきかめやた）（元・土佐藩士）

など、尊攘派の優秀な人材が帰らぬ人に。

このあと、仲間たちの悲劇を知った長州藩は、一言で表せば、〝爆発〟するんです。

その火の粉が向かった先はもちろん……。

ここから、**長州の本格的な〝大転落〟**が始まります。

エピソード11

正真正銘、世界中が敵だぜ！

京都での《禁門の変》に、外国からの下関砲撃事件。
孤立を深める長州のため、高杉晋作ガンバル！

幕末エピソード11、いってみましょう。
そして、おさらいから始めてみましょう。

《八月十八日の政変》起こって、京都から長州いなくなっちゃう。

←

《参預会議》始まる。すぐ終わる。

←

慶喜くんたちの《一会桑政権》始まる。

《池田屋事件》起こって、新選組が有名に。 ←

《八月十八日の政変》で京都を出禁になった尊攘派は、そのすぐあと、長州の中でムチャモメでした。

来島又兵衛（イケイケ長州の中でもイケイケな人）

真木和泉（長州藩じゃねー尊攘志士）

って人たちは、「オレたちゃ悪くねー！　無実を証明するべきだ！　政権も取り戻すべきだ！」と、めちゃ京都に行きたがるんですが、

久坂、桂、高杉の、長州有名人トリオは、

「タイミングは今じゃない！」と、それにずっとストップをかけてたんです。

でも、行くメン（「京都行くべきだ！」メンバー）の感情は、表面張力ギリギリ。

少しの刺激を与えただけでこぼれちゃう……。と、いうところに起こったのが、あの《池田屋事件》です。

尊攘派の仲間がボコボコにやられた池田屋事件が決定打となり、行くメンたちの怒りはあふれ出します。そしてついにその怒りは、長州三家老（3人の家老だよ）っていう、藩のエ

ラい人たちも動かしました。

長州三家老「オメーら京都行きてぇーんだな!? よしわかった! 家老が京都連れてってやる!!」

行くメン「おおおぉぉーーー!!」

久坂「……もお、ぜってぇ行くじゃん」

兵を引き連れての京都行きが決定。

その流れに押し切られた久坂さんも、京都に乗り込むことになったのでした。

長州、京都に襲来。

朝廷・幕府・諸藩「来やがった!!」

1000年の都を駆け抜ける緊張。

しかし、幕府側との争いを避けたい久坂さんは、

「お願いです！　藩主父子と三条実美さんたち七卿を許してください！」

ってお手紙（嘆願書）を朝廷に送るんですね。

これに対し、幕府&朝廷側ではいろーんな意見が飛び交いましたが、結果、

「期限内に京都を立ち去れ。でなければ……討つ！」

というお返事が来たのでした。

この回答を受け、長州は最後の会議に入ります。

長州有名人久坂「立ち去れとの命令です。帰りましょう」
行くメン来島「何言ってんだテメー……。攻撃に決まってんだろうが」
久坂「藩主父子の無実を証明するのが目的だったはずだろ！　こちらから手を出すのは違う！　そんなことすれば、長州は朝敵（朝廷の敵＝悪者）になってしまう！」
来島「臆病風に吹かれてんじゃねぇぞ！　第一、医者の子供（久坂の家は医者の家系）に戦争の何がわかる？　命が惜しいんだったらここに残れ！　オレはあの悪人どもをこの手で倒す!!」
久坂「……真木さんはどうですか……？」
真木和泉「来島くんに賛成だ」

口をつぐみ、静かにその場を離れる久坂（実際にこんな会話をしてたらしいです）。

そして……。

元治(げんじ)元年7月19日（1864年8月20日）、長州はついに、京都御所に向け進軍を開始します。

門の前には立ちはだかる諸藩。

ここで彼らを攻撃することは、御所に、朝廷に、天皇に刃向かうことを意味します。

それでも、

ババババババーーーン!!

ドーーーーーーン!!

長州は破滅への道を選んだのでした。

一時は、門の一つを突破し、御所の中に侵入するという快進撃を見せた長州でしたが、〝勝利〟の2文字が彼らの頭に滞在したのは、ほんの一瞬。

西郷隆盛「構え」

ザザッ！

劣勢な会津藩たちのもとに駆けつけた、西郷隆盛率いる薩摩藩の手によって、形勢は逆転したのでした。

………てかその前に………

西郷さんいつ帰ってきた!?

というわけで、戦いの途中ですが、ここでちょっとだけ「帰ってきた西郷隆盛」の説明に突入したいと思います。

実は薩摩ちゃん、《八月十八日の政変》のとき、〝長州を追い出すためだけ〟に会津とタッグを組んだら、ピンチを迎えちゃってたんですね。

尊攘派「え？　薩摩？　え？　気付いたら〝幕府大好き会津くん〟と仲良くしてんじゃん。スッゲーきもいんだけど」

尊攘派からちょー嫌われて、

佐幕派「薩摩って、幕府イジくり回して、改革してくるヤツらだもんな。好きになれないわあー」

佐幕派（幕府の味方だよ）からも、ちょー嫌われます。
なんのポリシーも持たずに会津と仲良くしたら、両方からすげーバッシング。
おまけに、《参預会議》で、薩摩が「横浜の港は開いたままにしよう」って主張をしたら……

尊攘派「テメー、開国派かよ！」
薩摩「待て！　オレだけを責めるのはおかしい！　幕府も開国派だからな！　なぁ！」
幕府「誰が開国派だって？　私は『横浜は閉じた方がいい』と思ってるよ」
薩摩「いや、幕府もずっと開国って……えー……」

幕府（慶喜くん）がうわべな方向転換をしたせいで、開国派に座ってる薩摩がスゲー目立っちゃったんです。

で、**薩摩は尊攘派から恐ろしく嫌われ、炎上**します。

薩摩「嫌われすぎて、完っ全に行き詰まった……そうだ西郷さんだ……あの人ならなんとかしてくれるはず！　西郷さんを呼び戻そう!!」

未来の見えなくなった薩摩藩は、スーパーヒーロー西郷隆盛を求めるんですけど、彼が帰ってくるためにはクリアすべき問題が……。

西郷さんを超ゼツ嫌ってる、島津久光（パパ光）の説得です。

パパ光の家臣「お嫌いなの知ってますが、西郷さんの復帰、許してください！」

パパ光「……みんな西郷を必要としているのか……ならば、愚かな私のわがままを通すワケにはいかないな……」

家臣「！……では…？」

パパ光「藩主である、忠義くん（パパ光の息子）にお伺いを立てなさい。もし忠義くんが良いと言うなら…（くわえていた銀のキセルを、これでもかってくらい、もう本当に思いっきりギリ！　ってギリリ！　って嚙み締めて）……異存はない」

家臣「ホントにありません!?」

ほぼ大反対、しかしマジでしゃーなし！　のギリギリオッケーでした（キセル噛みすぎて歯形が残ってたっていわれてるよ）。

そして。

西郷隆盛「2度目の島生活終わり！」

薩摩のみんな「西郷さーーーーん!!」

西郷「よしよし（群がるみんなの頭ナデナデ）、よしよしよし（髪の毛ワシャワシャ）……。これまで薩摩はグイグイ前に出すぎた。少しの間、政治がどう流れるかを一歩引いて見極める！　そして、『朝廷に従う』というシンプルな行動に統一し、この状況を打破するぞ！」

そんな感じで、**西郷さんは見事復活し、強烈なリーダーシップで薩摩を救い、この戦いに参加してたんです**（最初は「長州と会津で勝手に戦争すれば」って感じだったけど「やっぱ長州が政権を奪い返すとかはダメー」となり、途中から参戦だよ）。

では、戦いの続きをどうぞ。

西郷「撃て！！！」

バババババババババババーーン!!

この銃弾で胸を撃たれ、自らの命を絶つ来島。

長州の圧倒的不利が確定します。

それでも久坂は、

久坂「最後の嘆願にまいりました！」

一人の公卿の屋敷に入り、自分たちの願いを朝廷に伝える機会をつくってほしいと頼み込みます。が……。

その声は聞き届けられません。

敵に囲まれ、炎に包まれていく公卿の屋敷。

久坂は、共に学び、共に戦ってきた松下村塾の門下生、寺島忠三郎（てらしまちゅうざぶろう）と、互いに刀を持ち、向き合います。

手にした刀の切っ先は相手の腹に向けられ、空いた方の手は友の体を掴む。

そして、両の手に力を込め、体を引き寄せるように、
ズブッ!!

友と刺し違え、絶命したのでした。

久坂玄瑞、享年25。

吉田松陰の志を受け継ぎ、全身全霊で長州を引っ張ってきた志士の、若すぎる最期でした。

その後、長州三家老は撤退。

久坂に後を託された、同じく松下村塾生の入江九一(いりえくいち)も、屋敷を出たところで敵の槍(やり)を顔に受け、死亡。

真木和泉は、会津藩と新選組に追われ、天王山の小屋に立てこもり、自刃(自殺)します。

長州及び尊攘派が、完膚なきまでに敗北した、

《禁門(きんもん)の変》(一番激しい戦闘となった場所からとって**《蛤御門(はまぐりごもん)の変》**とも言います)

という出来事でした。

この戦いで、京都は未曽有の大火事に見舞われ、その炎は3日間燃え続けたといいます。どんどん焼け広がったことから「どんどん焼け」と呼ばれるこの火事で、約2万8000戸の家屋が焼失。この戦いで長州は大きな傷を負いましたが、権力闘争の巻き添えをくらい、住むところをなくし、大切な人を失った京都の人たちこそ、本当の被害者だったんじゃないでしょうか——。

さて、**完全に〝朝敵〟に仕上がっちゃった長州**のその後を見ていきましょう。彼らは日本の中で孤立し、これ以上ないくらい最悪な状況に陥(おちい)ります。

でもね、何が恐ろしいって、これで終わりじゃないんです。

長州の悪夢は、こんなもんじゃ終わらない。

悪夢のスタートはさきほどの《禁門の変》が起こるちょっと前、イギリスのこんな発言からでした。

イギリス「長州のヤロー、まだ関門海峡を封鎖してやがる！　そのせいで長崎とかの貿易がほぼマヒってて損失がすごい！　どーですか、去年船を攻撃されたみなさん。一緒に長州にプレッシャーをかけに行きませんか！」

米・仏・蘭「行く行くーー!!」

続いての悪夢のタイトルは、

「悪魔が来りて笛を吹くぐらいだったらよかったけど、シンプルに殺しに来た。てか4体も来た」

でございます。

この悪夢をいち早く知ったのが、

伊藤博文
井上馨（伊藤さんのマブダチ）

という、イギリス留学中コンビ（他に、遠藤、山尾、野村って人が一緒に留学してて、《長州五傑》なんて呼ばれてるよ。向こうでつけられた名前は《長州ファイブ》だよ）。

イギリスに来てみて、欧米のすごさをこれでもかと実感しつくしたとき、2人の耳に今回の報道が飛び込んできたんです（こっからえげつない妄想に入ります）。

伊藤博文「イギリスの朝はなんて穏やかなんだろう。喧騒にまみれた日本での出来事が、まるで嘘のようだ（イメージ会話です）」

井上馨「君も随分、英国紳士然としてきたじゃないか（ずっとイメージ）」

伊藤「ハハッ。冗談はバッキンガム宮殿だけにしてくれよ（紅茶を注ぎながら、新聞に目を通す伊藤。外国が長州に攻めてくるかもの記事を発見。そのまま白目に。注ぎ続けられ、カップからあふれる紅茶）」

井上「おい！　何やってんだ！　紅茶がこぼれてるぞ！　おい！（たまたま新聞の記事が目に入る。そのまま白目に）」

2人「（しばらく白目。まるで時が止まったかのよう。永遠に続きそうな白目の時間）」

メイド「（カンケーねーけど横で白目）」

伊藤「………（ハッ！）４ヶ国に同時に攻められたりなんかしたら、長州は終わる……」

井上「………（ハッ！）勝てる見込みなんて、０％だ……止めないと……とにかく」

2人「帰国だーーー!!」

帰国した2人は、イギリス公使館の通訳・アーネスト・サトウさん（イギリス人）に頼んで、公使とご対面。

伊藤「ちょーっと待ってください！　ジャストアモーメントです！　オレたちが説得して、

海峡の封鎖を解くんで、長州攻撃するのちょーっと待ってください‼」

イギリス「いいよー」

伊藤と井上は長州首脳陣の説得にかかります。

井上「外国と戦ったら絶対に負けます！　戦争をする相手じゃない！」

自分たちが見てきたイギリスという国の、軍事力、経済力、科学技術、文化レベルがどれだけすごいかをこんこんと説明したのですが、

長州首脳陣「大げさだよ〜。それは盛ってるよ〜」

長州首脳陣「海外行ってちょっと得意げになってるんですね、はいはいｗｗｗ」

長州首脳陣「ｗｗｗｗ　とにかく長州の藩論は〝攘夷〟だから。外国ダメ〜！　海峡の封鎖も解かないし、攻めてくるっていうんなら……やってやるっしょ！」

長州首脳陣「やるっしょ！」

長州首脳陣「ｗｗｗｗｗｗ」

伊藤・井上「（こいつら……オワってる……）」

話を聞き入れてもらえません。

そのことがイギリス側に伝わると、４ヶ国連合艦隊の出撃が決定。

んで！　外国が攻撃を決めたこのタイミングで、さきほど説明した《禁門の変》が起こっちまったわけです。

長州死んだ。

今や日本も敵。世界も敵。吐いちゃう。長州首脳陣のメンタルもズッタズタです。

長州首脳陣「こんなときに外国と戦っちゃダメだよね……。ごめん、あのね…攻撃やめてもらえるようにお願いしてもらえるかな……？」

伊藤・井上「了解!!」

急いでそのことをイギリス側に伝えにいく、伊藤ちゃん井上ちゃん。

伊藤・井上「海峡の封鎖解きます！　ですので攻撃を中止してください！」

イギリス「無理だよ（笑）」

ちょっと遅すぎた。

すでに「今から攻撃するぞ」の段階に入っていたため、ドタキャン通じず……連合艦隊、長州藩へ攻撃開始。

こちらが、

《四国艦隊下関砲撃事件》（しこくかんたいしものせきほうげきじけん）

の始まりでした。

先月が《禁門の変》で、今月がこれ。

「泣きっ面にハチ」どころじゃありません。もう「号泣にグリフォン」。

井上「こうなりゃ、戦って、外国の強さを味わった方がいい。そしたら〝攘夷〟っていうバカな考えがブッ壊されんだろ」

井上や伊藤が期待した通り、長州キッチリボッコボコに。

ボロ負けオブボロ負けです。

長州首脳陣「もうイヤ……この戦い終わらせたい……どうにかしておくれ……」

伊藤「おわかりいただけましたか？　では講和（仲直り）に持ち込みましょう。ただ……この難しい交渉をこなせるのは、イギリス人とも堂々と渡り合える……〝あの人〟しかいない！」

伊藤が言う〝あの人〟……長州藩のピンチに、不死鳥のごとく舞い戻ってくる男。そう、**高杉晋作**です。

長州の人「《奇兵隊》を結成したけど、長州の正規の部隊と奇兵隊がもめて死人が出たから、奇兵隊のトップの座をソッコー辞めさせられてた、あの晋作だ！」

長州の人「長州の暴走を止めるために京都がどんな感じか調べに行ったら、『あいつ勝手に京都行ったぞ！　脱藩だ！』と勘違いされたあの晋作だ！」

長州の人「で、野山獄（松陰センセーも入ってた）に入れられちゃって、囚人になってたあの晋作だ！」

そんな晋作（どんな晋作）が、囚人から一転、外国との交渉役にバッテキされます。

昨日まで葉もつけてなかった桜が、今朝には満開になっているような返り咲き。

晋作は〝宍戸刑馬〟って名前の人物に変身して（ちょーエラい〝家老の息子〟という設定でいったそうです）、伊藤とイギリスの戦艦に乗り込みます。

宍戸（＝晋作）「（日本の伝統的な服装で、メチャ威風堂々な感じ）」

アーネスト・サトウ（通訳）「（なんだこの宍戸ってヤツは……負けてるくせに、なんてエラそうな態度なんだ！　まるで悪魔みたいだ…）」

イギリスの提督「とりあえず、いろいろ条件出していくね。今、そっちの砲台をブチ壊してる途中だけど、これ続行するからね」

宍戸「オッケーす」

イギリス提督「そっちに捕まってるオランダの水兵とボートさ、こちらに引き渡してくれる？」

宍戸「オッケー。……うん、了解……それも全然いいよ……はいよー…」

サトウ「（なんなんだ……エラそうにしてるくせに、すべての要求をどんどんオッケーしてくる！　こいつ、全然反対しない！　しかも最初より態度がやわらいでいる……！　おもしろすぎる！）」

サトウさんが感心するくらい、すべての要求を受け止める晋作（サトウさんの手記にバッチリ書かれてます）。

ただ、数日間にわたる交渉の中、一つだけ引っかかる要求が……。

イギリス提督「あとね、彦島（ひこしま）（山口県の島）をさ、ちょっとの間くれないかな？」

宍戸（晋作）「！」

上海を見てきた晋作は、ピンときます。

これ、ヤバいやつだ……貸したら最後、彦島がこいつらのものになってしまう……‼

宍戸「……この日本国はアメノミナカヌシノカミにより国造りを任された、イザナギ、イザナミが、土地を、島を形成してできた国であり……」

提督「………えっと…なに言ってんの？」

晋作は急に『古事記』を一からしゃべり出し……

宍戸「アメノヌボコを海に突き刺し、かき回し引き上げると矛の先から潮がしたたり、それが固まってできたのがオノゴロ島です」

伊藤「えーアイランド、マジでわかんない……早く訳して！」

イギリス提督「マジでわかんない……」

イギリス提督「うそつけよ！　もっと長いことしゃべってるぞ！　てか止まんねーぞ！　もうやめて！　わかった彦島いらないから！」

うやむやにして、彦島守っちゃいました。

日本は一度も外国のものになったことがないということを、「古事記ずっと言い続ける」っていうヘンテコなやり方でアピールして、なんとかしてしまったんです（この話は伊藤さんの、「あんとき高杉が彦島守ってくれてマジでよかった！　じゃなきゃ日本とんでもないことになってたよ！」という証言によるもの。どこまでホントなんでしょ？）。

そして、長州はもう一つ、とんでもない要求をたたきつけられます。

イギリス提督「こっちは下関の町を破壊してもよかったけど、残しておいてあげたんだよね ぇ……。ま、それ踏まえて、攻撃された賠償金と、今回の遠征費用を払ってほしいかな。金額は……」

生麦事件で幕府が払った額、40万ドル。
薩英戦争で薩摩が払った額（ま、幕府だけどね）、10万ドル。
そして、今回要求された賠償金、
３００万ドル――。

長州のみなさん「ムリムリムリムリムリムリ」

これだけは全否定。
そして、晋作は真っ向から立ち向かいます。

宍戸（＝晋作）「その要求金額、うちの財源ヨユーで超えてるのよ。そんな大金支払えるわけねーだろ！　うちの藩にはね、主君のためなら命を捨てることを、なんとも思わないやつが大勢いるんですよね……」

イギリス提督「？」

宍戸「講和を望んでいるのは藩主だ。ただ、藩主もその命知らずの野郎たちの熱狂を抑えるのに……大変困ってましてね」

晋作が言わんとしたことはつまり、

「交渉が決裂して、藩主がもし『戦え』という命令を下したなら、そちらに襲いかかりますよ」

もっと言えば、

「こっちがやってるのはあくまで〝講和〟だ。服従するくらいだったら、お前らと戦ってやるよ」

ということだったんです。

負けてるのに、イギリス側も驚愕の「いつでも戦ってやるぞ」宣言。

さらに、３００万ドルに関して、晋作はこんなことを言い出します。

宍戸「てかオレたちは、『攘夷を実行しろ』って幕府の命令に従っただけなんで、３００万ドルは幕府に請求してくれ！」

この主張、

イギリス「それもそうだね」

通っちゃいます。

イギリス「てことで、300万ドルお願い」

幕府「300万‼　ドル⁉」

またもや幕府に請求がまわってきたのでした。

お金の面は幕府に飛び火したとはいえ、《禁門の変》や連合艦隊との戦いにより、長州が大打撃を受けた事実は変わりません。

しかし、まだです……。

長州の災難、まだ終わらないんです。
負のラビリンスに迷い込んでしまった長州藩は、出口を見つけることができるのか。
次回、「おい！　試練多すぎるだろ！」
どうぞご期待ください。

第三章

新たな時代の足音が聞こえる

エピソード12
武勇伝あるある「1対○○人」を大人になってやってみた
高杉晋作VS長州藩政府。晋作は、なんでこんな無謀ができたのか？

幕末エピソード12ですよ！
おっさらーい。

長州が京都で《禁門の変》起こしちゃう。
←
同時期に《四国艦隊下関砲撃事件》起こる。
←
まとめると、「長州ボロボロ」って感じ。

悲劇コンボでピヨりまくりの長州。

それなのにここへきて、最大！　最強！　のピンチがやって来ます。

長州の悲劇、
1stシーズン、シュー…ドン！《八月十八日の政変》

2ndシーズン、シュー…ドン！《禁門の変》

3rdシーズン、シュー…ドン！《四国艦隊下関砲撃事件》

そして4thシーズン、シューーー……ドン！《長州征討》

幕府が大軍で攻めてくることが決定したんです。

長州、完全にオワリました。

朝廷から「長州やっちまいな」の勅命（天皇の命令）をもらった幕府は、《征長軍（長州やっちゃう軍）》ってのを編制。

参加する藩の数、35。

兵の数、驚きの約15万。

参謀には西郷隆盛さんが任命され、
第一次長州征討（第一次長州征伐でもオッケー）

という、大イベントが始まります。

もう一回言っときます。長州オワリました。

ところが……です。

参謀の西郷さんの発言で、一気に事情が変わります。

西郷隆盛「長州を攻めるのはやめましょう。彼らが『恭順（きょうじゅん）（従います！）』の姿勢を見せるのであれば、それで終わりにしましょうよ」

聖母・隆盛（男です）。

長州征討なのに征討しないことを提案。

かなりのイケメン発言ですが……実は西郷さん、少し前までは「長州滅ぼしてやんよ！」というゴリゴリの武闘派。それが一転、西郷マリアに変身です（男のままです）。

この急な優しさの裏には〝ある人物〟の考えが影響した（んじゃないか？）と言われてるんですが、その人物こそ、

勝海舟です。

勝さんとの出会いは「幕府に『勝』っていう優秀な男がいるから、会ってみてよ」という、人からの紹介。

ただそのときの西郷さん、幕府の長州攻めの準備がグッダグダな様を見てるので、

西郷「幕府の中に優秀な人間？　どうなんだか……。何を言ってもよゆーで論破してやるさ！」

と、こんな感情です。

西郷さんは、ガチコンいったるつもりで勝さんと会うことにします。

西郷「ちょっといいですか？　長州やっつけた外国の艦隊がその勢いで大坂に来るってウワサがあるし、長州征伐の準備は全然グダグダだし、幕府……大丈夫なんすか？」

勝「幕府はオワコンだからね」

西郷「……え？」

勝「幕府の中にも優秀な人はいるよ。でもほとんどの連中が自分のことばっかで、広い視野を持ったヤツなんていないわけよ。だから外国との交渉も、幕府なんかじゃできるわけねーしｗｗ」

西郷「（身内のことムチャクチャ言うじゃん……）じゃ今後はどのように？」

勝「もう幕府のシステム自体に限界が来てるのさ。これからは雄藩（力のある藩）のトップが4、5人集まって、会議をした上でこの国の政治を進めていくべきだと思う。でだ……長州は雄藩だ。今言った会議メンバーの候補だと思わねーか？　その長州を攻め滅ぼすということは、イコール日本が弱くなるということ。長州を滅ぼすのは日本にとっての損失。いいかい？　今は〝内輪もめ〟をしてるときじゃない」

西郷「…………わーーー!!」

西郷さん唸（うな）ります（「わー」とは言ってないでしょうが）。

大久保（利通）さんに送った手紙の中でも、

「勝さんて人に会ったんだけど、マジ驚いた！　最初はカマしてやるつもりだったんだけど、こっちが頭下げちゃう結果になった！　どんだけ頭良くて、いろんなこと考えてるか底知れないよあの人は。ほれたーー!!」

と、勝さんをベタ褒め（ポップにするとこう）。

一方、勝さんものちに、

「今までにこの世で恐ろしいヤツを2人見た。横井小楠（よこいしょうなん）と西郷隆盛だ」

と語るほど、西郷さんをバツグンに評価しているんですね（横井小楠って人も、新しい考え持ったスッゴイ人です。明治政府の基本方針は、この人の考えたことが下敷きになってたりします。横井さんの影響を受けた人は、勝さんや西郷さん、他にもわんさかいるよ)。

こうして、**英雄同士は出会い、お互いを認め合います。**

やがて、幕末が最大のターニングポイントを迎えるとき、2人は再び顔を合わせることになるのですが、それはまた別のお話……(いや、ま、別ではないんですけどね)。

そんなこんなで戦争しないことを決めた西郷さんは、長州にそのことを伝えます。

西郷「そちらへの進軍を〝いったん〟ストップさせます。ただし、そのためには謝罪の意思表示が必要だ」

長州「……謝罪の…意思表示？」

西郷「まずは、《禁門の変》の中心となった三家老と四参謀(よんさんぼう)(って人たちがいたんです)の首を、差し出してもらおう」

エグめだけど、やっぱそれなりの条件は必要。

が、長州ってところは、攘夷を叫んで暴れまくった藩。

京都を追放されても「オレたちが正しいんだ！」と勝手に戻ってきたり、外国にもガンガン戦いを挑むような連中です。

いくら幕府が大軍で攻めてこようが、素直に言うことを聞くわけがないんです。

長州「首、りょーかい」

聞きます。

すごく素直に言うことを聞いて、あっさり三家老と四参謀を処刑。

イケイケなあの姿はどこへ。ファンがっかりだよ（誰へ向けての何目線かわかりませんが）。

しかし、西郷の言うことを聞くのは、これ当然。

このときの長州を引っ張っていたのは、あの〝イケイケ〟な連中じゃなかったからなんですね。

実は、長州には2つの派閥がありまして……（ちょっと聞いて）。

今まで暴れまくった、晋作たち尊王攘夷のイケイケ派＝**《正義派》**と、幕府には絶対従うというグループ＝《俗論派（ぞくろんは）》に、分かれていたんです（この呼び名は晋作がつけたらしいです。自分たちに「正義」ってつけるあたりさすが）。

で、あるときゾクロン派がブチギレます（漢字だとお堅いのでカタカナでいくね）。

ゾクロン派「テメーら、セイギ派が好き勝手にやってきたおかげで、長州ボロボロじゃねーか！　もうこれ以上任せてられねえ。オメーらのやり方は全否定する！　いいか、長州藩を守るために、俺たちは幕府の言うことにひたすら従うからな!!」

怒りのストームを巻き起こしたゾクロン派は、セイギ派の偉い人たちを処刑したり、牢獄にブチ込んだりして、長州を支配。

これで、幕府の言うことにはなんでも従う〝いい子ちゃん長州〟が完成しちゃってたんです。

そんな長州に、幕府から、「これができたら、本当に戦争はナシだよ」っていう条件が届きます。

一．藩主父子からの謝罪文の提出

一．山口城の破壊

一．五卿の九州への移動（《七卿》がね、一人死亡して、一人いなくなって、《五卿》になってたんです）

ゾクロン派「なかなかイージーだぞ!!」

まず、藩主父子からの「ごめんなさい」お手紙を届け、1個クリア。

山口城の破壊も、瓦（かわら）を十数枚壊しただけでオッケー（形式的なものでよかったらしいです）。

残すは《五卿の九州への移動》だけ……なんだけど、ここでキョーレツなストップが。

セイギ派「絶対（ぜって）ぇダメだ！　《五卿》メンバーは、朝廷とオレたちとの最後のつながり、全員で守ってきた最後の砦（とりで）だ！　九州になんて行かせねーかんな！」

とにかくセイギ派が大反対。

そのセイギ派の中でも特に強く反対したのが、

と呼ばれる、様々な部隊のメンバーたちでした（高杉晋作が奇兵隊をつくったことをキッカケに、御楯隊、遊撃隊、力士隊……などなど、たくさんの部隊ができ上がっていたんですよ）。

ゾクロン派と諸隊（セイギ派）は、ガチゴチにいがみ合い、

ゾクロン派「『諸隊は解散しろ！』って言っただろ！　ダラダラ抵抗してんじゃねー！」

諸隊（セイギ派）「解散なんてしねーよ！　五卿の九州行きも認めねーからな！」

「解散しろ！」「認めねぇ！」、と、地の果てまで続く平行線な言い合いを繰り返していたんです。

さらに。晋作のつくった奇兵隊3代目のリーダー、**赤禰武人**さんて人は、「ゾクロン派と仲良くした方がいいよ」と主張するんですが、奇兵隊の幹部をやってた**山縣有朋**さんなんかに、「テメーどっちの味方だよ!?」と反対され、諸隊内でも平行線をやっちゃっていて、長州の中では様々な主張が飛びまくっていたのでした。

ところが、そんなモメモメの諸隊のもとへ、

西郷「よ！」
諸隊「わ!!」

突然の西郷です。
なんと西郷さん、諸隊を説得するため、長州藩という〝どアウェイ〟に、少年ジャンプの漫画に出てくる主人公みたいな現れ方をするんです。

諸隊「ど、堂々と敵地に乗り込んでくるだなんて……い、一体なんの用っすか……？」
西郷「五卿の九州行きを認めてくんねーか？　そしたら戦争にならなくて済むからさ」
諸隊「……あんたみたいに気合いの入った人が言うなら……でも……」

グラ〜と揺れ動き始めた諸隊。そこへダメ押しが入ります。

五卿レッド「……九州に行こう！」
五卿ブルー「レッド!?」
五卿ピンク「それでいいの？」

五卿レッド「ああ。これ以上、長州のみんなに迷惑をかけるわけにはいかない！　オレたちから進んで九州へ行こうじゃないか！　なぁ！」
五卿グリーン&イエロー「わかった！」
諸隊「……（いつ色分けしたんだろ？）」

ここにきて、《公卿戦隊五卿レンジャー》自身が、九州行きをオッケー。諸隊のグラつきは止まりません（西郷さんと諸隊の幹部たちが話し合った内容はわかってないけど、なんにせよ五卿たちはオッケーしてるんですね。あと色分けはもちろんしてません）。

守るべき五卿はいなくなるし、抵抗する気も萎えてきた……。アカネ（赤禰）の言う通り、やっぱりゾクロン派と仲良くやった方がいいのかな……という空気が諸隊に流れ始めた頃、

「そんなもんはゼッタイ認めるわけにはいかない!!」

と、一人大反対する男が。

長州に波乱が訪れるとき、〝とにかく舞い戻ってくる男〟が舞い戻ってきます。

もう不死鳥かどうかもよくわかんないですが、みなさまの予想通り、
高杉晋作
です。

諸隊幹部「長州藩がゾクロン派に乗っ取られると、身の危険を感じて九州へ逃げたセイギ派の晋作！」

諸隊幹部「逃げたわりにはセイギ派の家老たちが処刑されたことを知ると、メッチャ怒った晋作！」

諸隊幹部「長州へ戻って、ゾクロン派と戦うことを決意した晋作！」

そんな晋作（いつもの晋作ですね）が、独りゾクロン派と戦うことを主張したんです。

晋作「戦いを挑むのは12月14日だ！」

晋作、日取りまで決めちゃいます。

赤穂浪士（あこうろうし）が吉良（きら）邸に討ち入りした日、しかも師である吉田松陰が脱藩をした日、それが〝12月14日〟。この日を決戦の日に定めたんです。

自分が立ち上がれば、諸隊のみんなもついてきてくれるはず。なぁみんな、一緒に戦おうじゃないか——。

諸隊幹部「戦いません！　やめてください！」

反対して、止められます。

晋作からすれば、歯がゆさ満点。

自分がつくった奇兵隊や、それがキッカケでできた諸隊が思い通りにならないんですから。

つくったロボが博士の手を離れ、勝手に動き回ってる感じに近い（っぽい）。

もどかしさ全開の晋作は、諸隊メンバーの説得にかかります。


晋作「お前らはアカネにダマされてんだよ！　そもそもあいつはただの百姓だろう⁉　国がヤバいとか、藩主父子がピンチだとか、あいつにわかるわけないんだ！　オレは毛利家に代々300年仕えた家の者だ。アカネのような百姓と比べんじゃねー‼」（差別発言バリバリですが、実際にこんなこと言ったらしいです）

さらに、

晋作「頼む、馬を1頭貸してくれ。オレはその馬に乗って藩主父子のもとに駆けつける！1里進んで死んだとしても、10里進んで死んだとしても、その距離だけ長州や毛利家のために命を尽くしたことになる。頼む！　オレに馬を貸してくれ！」（これも実際の言葉から）

自分がどれほど長州を思っているか、藩主父子の身を案じているか……目は血走り、口は裂けんばかりに、心からの叫びをぶつける晋作。

そのエネルギーの凄(すさ)まじさと、決意の固さに、その場の全員が心を動かされ……なかったし、賛同しませんでした。

諸隊のみんな「（シーーーン）」

ビックリするくらい響いてません。

そもそも身分の低い人たちで構成された諸隊ですから、晋作の「オレはエリートだ」的な演説が刺さるわけないいし、むしろ鼻につく。

政治家「みなさん、私に清き一票を！　私はこの町のことを本気で考えている！　なぜなら私は家柄がいいからです！」

一般市民「は？」

これと一緒。
結局、反感だけを買い、仲間集まらずです。
でも、そんな晋作に声をかけたのが、

伊藤博文「晋作さんが立ち上がるなら……オレはついていきます！」

あなたとコンビに伊藤博文だったんです。

そして訪れる決戦の日。
この日と誓った12月14日……だったのを、準備に手間取り、翌日にズラし（おちゃめ）、本当の決戦日がやって来ます。
元治（げんじ）元年12月15日深夜（１８６５年1月12日）、

高杉晋作の狂気に感染した者たちが、五卿の滞在する深夜の《功山寺》に集結。

伊藤博文率いる力士隊。

石川小五郎率いる遊撃隊。

一つの藩を相手取ったこの戦いに、参加した人数、わずか84名。

下関では珍しく降り積もった雪と、それを照らす月明かりのみが、門出を祝います。

晋作は、眠りから覚めた五卿の一人、三条実美に、ゾクロン派を討つことを告げ、こう叫んだのでした。


「これより！　長州男児の腕前をご覧に入れましょう!!」（是よりは長州男児の腕前お目にかけ申すべく）

高杉晋作VS長州藩政府。


誰の目から見ても無謀なクーデターが始まります。

晋作はまず、下関の出張所、つまりはゾクロン派のいる場所を襲撃し、またたく間に占拠。

その勢いのまま、息もつかせぬスピードで三田尻（山口県防府市）にある海軍局を襲い、
なんと軍艦を奪うことに成功します。

ただ、ゾクロン派も黙ってません。

このクーデターにブチギレ、捕らえていたセイギ派の高官を処刑。
さらに、反乱分子を討つため、大軍を出動させるんです。が、
時代の流れは晋作に味方します。

報告する人「し、晋作さん！　山縣さんたちがゾクロン派を攻撃したって！」
晋作「！」
報告する人「し、しかもその戦いに……勝ったって!!」
晋作たち「……よっしゃぁぁぁーーー!!」

セイギ派の仲間をことごとく処刑し、諸隊を潰そうとするゾクロン派に、山縣たち諸隊の怒りが大爆発。晋作とともに立ち上がることを決意したのでした。

そして、この勢いに民衆の力がプラスされます。

一緒に戦いたいと志願する者が晋作のもとを訪れ、農民と商人からは、食料や軍資金が届けられたのです。

大きな力に膨（ふく）れ上がった諸隊は、次々とゾクロン派を撃破。

最後の仕上げに、奪った軍艦でゾクロン派のいる萩城（はぎじょう）近くに向かうと、その城にめがけ、

晋作「ぶっ……放せぇぇぇーーー!!」

ドーーーーーーーーン!!

空砲を放ち、ド派手な脅しをかけたのでした。

もはや勝ち目がないと悟ったゾクロン派は、萩城を出て行き、これで晋作たちの勝利が

……とはいきませんよね。

これだけハデなクーデターです。西郷さん率いる征長軍が見逃すはずがないんですよ。

西郷「長州は条件を満たしたので、征長軍は解散します」

幕府「え!?　高杉暴れてるよ!?　解散すんなよ!」

西郷「それ長州の問題なんで、介入しません」

幕府「……え、マジで解散!?」

見逃します。てか、そのちょっと前に解散してます。

というわけで、

晋作「長州を……奪い返したぞー!!」
諸隊「おおおぉぉぉーーー!!」

信じられないことに、**晋作の勝利。**

一人の人間が発した狂気が、時代を振動させながら恐るべきスピードで伝播（でんぱ）し、ついには長州という国をひっくり返してしまったのです。

晋作の圧倒的な決意が起こした奇跡、**《功山寺挙兵（こうざんじきょへい）》**（《回天義挙（かいてんぎきょ）》とも言います）は、こうして幕を閉じたのでした。


熱狂に包まれた長州藩は、その熱に溶けたかのように形を変えていきます。

藩のスタンスは、

「表向きは幕府に従う感じを出すけど、戦闘の準備はバリバリすっから。あっちが攻撃してくんならいつでもやったんぞ」

に統一され、イケイケ長州藩が復活しました（この考え《武備恭順（ぶびきょうじゅん）》て言うよ）。

その軍事面を、「西洋式にリニューアルしましょ」ってことで、海外の知識をいっぱい持ってる軍略の天才、**大村益次郎**（事実上、日本陸軍をつくった人）に任せます。

そして、新しい長州には新しいリーダーが必要ということで、晋作たちの強い希望により、

晋作たち「お帰りーー!!」
桂小五郎「た……ただいま（おずおず）」
伊藤「あ、帰ってきた!!」

《禁門の変》以来、京都から但馬（兵庫県だよ）に姿をくらましていた、桂小五郎を迎え入れたのでした。

長州が変わります。

中身が変われば、交流も変わる。

このあと長州は、驚きの〝お友達〟をつくることに。

それに関連して次回、やっと〝あの有名人〟の登場ぜよ！

エピソード13

勇者と魔王が手を組んだ

見せ場中の見せ場！　坂本龍馬は、薩長同盟成立の裏で、何をどう動かしていたのか？

幕末エピソード13はこんな感じでございます。の前におさらい！

幕府が長州ボコボコにしようとする。《第一次長州征討》

↓

西郷さん、攻撃したくないから条件出す。

↓

長州のゾクロン派は、西郷さんの条件にちゃん

と従う。
　　↓
「ざけんな！」ってセイギ派の晋作大暴れ。で、勝つ。《功山寺挙兵》

第一次長州征討がムチャクチャ不発に終わった幕府は、

「ぬるい!! 長州をもっとバチバチにシバかないと。もう一回攻めるぞ！」

てなテンションで、〝第二次〟を起こそうとします。

しかし、この行為にいろんな藩はドン引き。

「えー……長州謝ったじゃん……。戦うってなに？ 幕府スベってねーか？」

こんな声がチラホラと聞こえてくるようになるんです。

そんな状況でセツジツに望まれたのが、

《雄藩連合》（強ぇー藩と強ぇー藩のドッキング）。

あちこちで「雄藩同士が手を結んで、幕府を倒しちゃった方がいい！」という話題で持ちきりになるわけです。

そして、手を結んでほしいランキング第1位はやっぱり、
薩摩×長州。

・どちらも中央の政治をリードした経験がある藩だから、これ以上の組み合わせはないと思います（男性／30代／藩士）

・人材も豊富だし、関ヶ原のとき西軍だったたって共通点もあるし、最高です！（男性／20代／志士）

・アガる（男性／50代／家老）

こんな意見がわんさか（想像っす）。

しかし、全員最後には、「でもな……」というつぶやきのあと、一拍置いて共通の言葉を続けるんです。

「仲悪いんだよなーーー!!」

そう、仲悪いんです。

何度も薩摩と会津に行く手を阻まれ、仲間も志も八つ裂きにされた長州。薩摩・会津に対する長州の強烈な憎悪は、そんじょそこらのもんじゃありません。

長州藩士は履物に、

「薩賊会奸（「薩摩も会津も最低最悪なヤツら」って感じのディスり）」

って書いて、それを踏みつけながら歩いてたほど……。

で、薩摩も長州のことをそれなりに嫌ってます。

薩摩と長州が手を結ぶ……漫画なら、昨日まで敵だったアイツが主人公に力を貸して、新たな敵に立ち向かうという読者全員トリハダシーン。

しかし、現実は甘くなかった。

2つの藩の遺恨は、それほど根深かった。

そんなもの、誰もが夢物語だと思った。

それでも薩摩と長州の同盟を心の底から願い、本気で実現しようとした男たちがいた（プロジェクトえーっくす）。

中岡慎太郎（なかおかしんたろう）

土方久元（ひじかたひさもと）

そして、

坂本龍馬。（さかもとりょうま）

「やっと出てきた!!」って感じの大人気幕末志士ですね。

では、龍馬が薩摩と長州に絡んでくるまでを、ことさら雑に紹介しときましょう。

坂本龍馬。

天保(てんぽう)6(1836)年土佐(高知)生まれで、姉〝乙女(おとめ)〟のスパルタ教育ですくすく育つ。育ったら、親友でもあり遠い親戚でもある、武市半平太が結成した《土佐勤王党》に参加して、尊王攘夷バリバリの若者に成長するけど、

坂本龍馬「なーんか、チゲーな……」

と、土佐勤のやり方に違和感バリバリとなり、その上「土佐にいたんじゃ自分のやりたいこともできねー」ってことで、仲間と一緒に脱藩(完ペキな理由はわかってないよー)。

土佐を出て、当時一流と呼ばれた、松平春嶽、横井小楠、大久保一翁(いちおう)とかと、どんどん交流を重ねていく龍馬に、センセーショナルな出会いが到来します。その人物が、

勝海舟。

龍馬「あんたが勝海舟か?」

勝海舟「なんだ殺気立ってんな。オレを斬るのは、話を聞いてからでも遅くねぇだろ」

攘夷派の龍馬は、勝さんを斬るつもりだったけど、外国がいかにすごいかを説明され、

勝「だから貿易をして、資金をつくって、その金で〝日本の海軍〟をつくるべきなんだ」

龍馬「先生ーーーーー!!」

考えが百八十度変わり、そのまま勝さんに弟子入り（これは、勝さんが語った有名エピソードですが、龍馬は春嶽さんからの紹介なんで、「斬りにきた」っていうのはビミョー。勝さん、話を盛った可能性あります）。

そこから勝＆龍は、夢である海軍をつくるためにちょー奮闘。

このとき、龍馬が姉の乙女にあてた手紙では、

「最近は、勝海舟という大先生の弟子となって、メチャクチャかわいがられております。〝兵庫〟ってところに海軍の訓練所をつくんだよ！　実は……ちょっとボク、エヘン顔してます。すごい人（勝さん）は〝才能あるヤツ（自分）〟を見つける力がすごいですね！　やっぱりエヘンエヘン。

龍馬　乙女姉さんへ」

ウキウキモード全開。「エヘン」てのはホントに書いてます。かわいい。

そして、ついに《神戸海軍操練所》と、勝さんの私塾《神戸海軍塾》が発足。でも……

幕府「勝の生徒の中に、《池田屋事件》や《禁門の変》に関わった志士がいる！　で本人は『雄藩で政治をやった方がいい』とか言ってる！」

「勝ヤバ！」ってことになり、翌年、操練所は閉鎖させられます。塾も解散させられます。激ヘコみの中、塾生の引き取り手を探す勝さん。

とそこへ、彼らの航海術を欲しがっている、薩摩藩の小松帯刀さんが登場。龍馬たち、まとめて薩摩藩預かりとなる。以上、ことさら雑紹介でした。

で、ここからです。

坂本龍馬が歴史に名を残す活躍を見せるのは、ここからなんです。

龍馬、会社（みたいなもん）つくります。

現代の〝商社〟のような〝株式会社〟のような組織、

亀山社中（貿易やりーの、政治活動もしーの、個人的な海軍でもありーの、な組織）ってのをつくるんです（カンパニーだね）。

で、この亀山社中を使って「日本をどうにかしなきゃ！」と爆裂に挑戦したのが、**薩摩×長州の雄藩連合**だったんですね。

このときの西郷さんや小松さんは、「幕府が長州を攻めるの反対！」って考えだから、今が仲直りの大チャンス。

薩摩の考えを知ってるフリーランス坂本は、まず長州の人間に会います。

龍馬「今こそ長州と薩摩が手を組むべきじゃありませんか？」

長州藩士「手ぇ組むぅ!?　薩摩と!?　すごいこと言ってるよ！　うーん、オレらじゃ返事できないからさ、うちのリーダーに会ってみて！」

長州のリーダーとは、ご存知、**桂小五郎**のことです。

龍馬は、桂さんに会うため下関へＧＯするんですが、そこで待っていたのは〝新たな仲間〟との出会いでした。

土方久元（同じ土佐出身）「オレらは桂さんと西郷さんを引き合わせようとしてんのよ。オレが桂担当、中岡が西郷担当で。もうすぐ、中岡が西郷さんを連れて来てくれるはずだよ！」

龍馬「最高じゃん！　よし、手伝う！　てか、オレこれから桂さんと会うし！」

同じ考えのもとに動いていた仲間が集うという、何かが起こりそうなシンクロニシティバリバリ案件。

そして、桂さんが下関にやって来ます。

桂小五郎「なるほど……薩摩と和解か……。本当に西郷はここに来るのか？」

龍馬「来ます‼」

桂「信じられん……。だがもし西郷が来たなら、長州をなぜここまで追い詰めたのかを問いただしてやる！　しかし、今一番力のある薩摩に協力してもらえるなら、それはそれで嬉しい！」

桂さん、好感触。

するとそこへ、西郷さん担当の中岡が、下関に到着。ただ、とんでもなく青ざめた顔をしてらっしゃるじゃありませんか。

龍馬「……『どした？』って聞くのも怖ぇーけど……どした？」

中岡慎太郎「…………西郷が……来てない」

龍馬「えーーーー!?」

西郷さん、歴史的ドタキャン。

本当は、薩摩から大坂に向かう船が、途中で下関に寄る予定でした。

中岡は、西郷さんと一緒にその船に乗ったんです。乗ったんですが……

西郷「ごめん！　京都からお知らせ届いた！　このまま大坂行くね！」

中岡「え」

西郷「中岡さんは途中で降ろしてあげるから心配しないで！」

中岡「え」

西郷「（中岡降ろして）じゃ！」

中岡「え」

で、西郷さんはそのままスイー……（京都にいる大久保利通さんに呼ばれた……薩摩には長州を嫌ってる人がいっぱいいて、それをまだまとめきれてなかった……とかいろんな説が）。

西郷さんがブッチしたことを知った桂さんは、ブチギレるわけですよ。

桂「ほらなーー!!　だから薩摩も西郷も信用ならねーんだよ！　だまされた！　君たちを信じた僕がバカだった!!」

ヤバい……このままだとすべてが水の泡になる。

ただ、何もできない龍馬と中岡は、ひたすら謝り倒します。

龍馬&中岡「ごめんなさい！　本当に申し訳ない！　でもワンチャン!!　マジワンチャンください!!」

桂「…………わーったよ！　ワンチャンやるよ！」

龍馬&中岡「ありがとうございます!!」

桂「ただし！　それには条件がある。薩摩から正式な謝罪を入れること。そしてもう一つは……」

実はこのときの長州は、幕府が外国に「長州とは取り引きしないでください」って言っちゃってたから、一切の武器類を手に入れることができない状態だったんです。

だから、桂さんが出したもう一つの条件とは、

「〝薩摩の名義〟で軍艦と武器を購入し、それを長州に横流ししてほしい」

というものだったんですね。

龍馬と中岡は「りょうかい！　薩摩に伝えます！」っつって、京都にいる西郷さんのもとへ。

西郷「なるほど……。了解しました。ただし！」

龍馬「(お前も条件出すの？)」

西郷「『お前も条件出すの？』みたいな顔すんな！　薩摩は不作だったから、長州にお米をいーっぱい用意してもらいたい！」

龍馬「オッケーです！」

ここでも条件を受け取る龍馬。

これクライアントがいて、仲介して、納品する……的な、すっごく会社の仕事っぽい……。

というわけで、

「亀山社中の出番だーー!!」

「ラジャー!!」

ついに亀山社中の初仕事です。

龍馬から指示を受けた亀山社中は、イギリス商人・グラバーさんから薩摩名義で軍艦と銃を購入。それを長州に運搬します（買うときのお金は薩摩が出すけど、あとで代金は長州が薩摩に支払うよ）。

買い付け、運送、仲介。**亀山社中の完ペキな企業っぷり**で、長州は《ユニオン号》という軍艦と、洋式の銃7300挺（ちょう）を手に入れます。

さぁ、いよいよ、夢のタッグが完成間近です。

一方、長州最大の敵、幕府も本格的に動き始めます。

長州退治〝第2弾〟に向けて、将軍・家茂ちゃんが大坂まで移動。さらに、幕府の実質的

リーダー・一橋慶喜くんは、

「長州攻めに、やる気のない藩があまりに多い！　だから、もう一回『長州を攻めろ！』っていう勅命（天皇の命令）を出してもらう！　そしたらみんな従うだろうからね！」

ってな感じのことを企（たくら）んでたんです。

ただ、その勅命がなかなか出ない。「おっかしいなあ……」と首をひねる慶喜くんでしたが、それもそのはず。薩摩の大久保利通さんが、朝廷を陰で操り、勅命が出るのをブロックしてたからなんですね。

それを知った慶喜くんは朝廷にブチギレ。「勅命出さねーってんなら、将軍をはじめ全員辞めるぞ」と脅しちゃうんですよ。

で、朝廷は「そりゃ困る」とビビって、勅命を出しちゃう。

さぁ、それに対して、今度は大久保さんがブチギレです。「長州を攻撃する理由がどこにある！」とキレまくり、そのまま筆を走らせ、

「長州を攻める正義の理由あんのか！　ねーよな！　だったらこれは勅命とは言えねーよ！　ということでこの命令には従わない！」

と、怒りのお手紙を完成させちまうんですね。

京都にいる大久保さんは、この手紙を故郷の薩摩に送り、さらに「大久保や薩摩はこう思

ってるから！」と、伝えるため、長州にも同じ内容を送ったのでした（大久保から長州への手紙を届けたのは、ここでも活躍、坂本龍馬です）。

お手紙を受け取った長州は思います。

「薩摩、かなりオレらの味方してくれてない……？」と。

そして、感激中の長州に、薩摩からの使者がやって来たんです。

使者（黒田清隆。のちの第2代内閣総理大臣）「桂さん、西郷や小松（帯刀）はあなたとの話し合いを希望している。一緒に京都に来てください！」

龍馬「桂さん、行きましょう！　これで薩摩と仲直りだ！」

桂「……薩摩のスタンスはわかったんだけど、西郷には1回ブッチされてんだよ……簡単には行けない……なぜなら、ブッチされ……」

井上馨「ウダウダ言ってねーで……」

高杉晋作「話まとめてこい!!」

晋作と井上にケツをたたかれて、京都の薩摩藩邸にぶっ飛ぶ桂さん。

もうあとは話し合うだけ。これで、薩摩と長州の仲直りは叶ったも同然です。

龍馬も京都に行きたいけど、長州でちょーっとやることが（〝ユニオン号〟に関してのゴタゴタがあったんです。ちなみに、その間に高杉晋作と会い、漢詩の書かれた扇と、拳銃をもらったりなんかしてます）。

しかし、なかなか京都に行けない龍馬のもとに、

桂「早くこっちに来て！　一日でも半日でも早くこっちに来て！」

という、寂しがるウサギのような桂さんからのラブコールが届いたので、用事が終わった瞬間、龍馬は秒で駆けつけます。

龍馬「桂さん！　遅くなりました！　で、どんな約束になりました!?」

すべての話し合いは終わってると思い、意気揚々と尋ねる龍馬に、桂は衝撃的な一言を放ちます。

桂「誓約の話など、何もしていない」

龍馬「……どういうことですか……」

薩摩側の接待はとても丁寧で、自分を大切に扱ってくれた。その席で、西郷、大久保、小松は、長州と敵対した経緯や、今現在の考えを説明してくれ、幕府の横暴と朝廷の体たらくも伝えてくれた。

様々な会話が飛び交った。が、お互いの藩が協力するという誓約の話などは、何ひとつ出ていない……。

桂「話が進展しない以上、ここにいても意味がない」

龍馬「……ちょっと待ってください……」

桂「長州へ帰ろうと思う」

龍馬「ちょっと待ってください！　全部終わりにするんですか!?」

桂「………」

龍馬「自分たちが頑張ってきたのは、長州と薩摩が手を結ぶ、その瞬間のためだ！　このままではこの国に未来はない。でも！　2つの藩が協力すれば、まだ道はある!!　それをここで全部終わりにするんですか!!　お互いの意地の張り合いで、大きな目標を捨てて、この国を終わらせるんですか!!」

龍馬は桂に、感情をぶつけます。

その言葉を受け、桂はポツリ、ポツリと語り始めたのでした。

桂「坂本くん……僕ら長州は今、この国で孤立している。かたや薩摩は、大きな力を持った日本でトップの雄藩だ。明らかに立場が違っている……。そんな弱い立場の長州から、薩摩に誓約を願うのは……憐れみを乞うようなものだ。『助けてくれ』とすがるようなもんだ……。それだけは……武士として、藩として、人として、できない。これ以上、長州は頭を下げるわけにはいかない！　薩摩と手を組まなければ長州は終わるだろう……。しかし、長州が滅んでも、薩摩がその遺志を引き継いでくれれば……本望だ」

龍馬は知ります。

桂の、長州の、どうすることもできない立場と思いを。それでも誇り高き道を選ぶ、気高き精神を。

しかし、プライドと高潔（こうけつ）を口にしている桂の心の奥底には、本心から願う〝未来〟が横たわっているはず。

薩摩と長州の話し合いにまだ望みがあるなら、なんとしてもつなぎとめなければ。

この誓約を成立させるために、龍馬が説き伏せるべき相手はただ一人。

龍馬「桂さん、少し待っててください」

桂「……？」

2つの藩を結びつけるために、動かすべきはあの男。

龍馬の向かった先は、

龍馬「西郷さん!!」

薩摩を預かるリーダー、西郷隆盛のもとです。

龍馬「これまで自分が身を削って、すべてをなげうって力を尽くしてきたのは、薩摩や長州のためなんかじゃない!!」

西郷「…………」

龍馬「日本の将来のためだ!!」

志、憤り、切迫した本心を、ありのままにぶつける龍馬。

龍馬「薩摩にも長州にも事情があるのはわかる。言い分があるのもわかる。ただ、この国のためにお互いの事情を捨ててください!!」

西郷「…………」

龍馬「自分たちの判断がこの国の将来に大きく影響してしまうという考えになぜ至らない!? 2つの藩が今ここで手を結ぶことこそ、日本の未来にとって最良の手段じゃないのか?」

西郷「……ごもっともです」

龍馬の体からあふれ出るそのすべてを、西郷は真摯(しんし)に受け止めます。

龍馬「…そして……長州が弱い立場にあることをわかってあげてください……」
西郷「…………」
龍馬「今の薩摩と長州には、歴然とした立場の開きがある。薩摩に対して友好を願う気持ちが長州にはあるのに、打ちひしがれてボロボロになった彼らは、その気持ちを口にすることができないんです……。西郷さん、どうかわかってやってください。薩摩と長州をつなぐ言葉を、両藩の誓約を、西郷さんから願い出てもらえませんか……。どうか、どうか……お願いします……」
西郷「……坂本さん……こちらが悪かった」
龍馬「！」
西郷「わかりました。私から桂さんにお話ししましょう」

龍馬の思いは、とうとう西郷を動かします。

そして、龍馬立ち会いのもと、西郷隆盛、小松帯刀、桂小五郎の話し合いが行われ、ついに……

薩長同盟（さっちょうどうめい）（薩長盟約、薩長誓約とも）

が成立したのでした（龍馬や西郷や桂が発した言葉にはいろんな説があるけど、だいたいこんな流れってやつに僕なりに肉付けしてみました、はい)。

誰もが望んでいた。しかし誰しも実現不可能と思っていた、薩摩と長州のスーパータッグ。それが、中岡、土方の行動力と、最後にぶっちぎりの熱をぶつけた坂本龍馬の手によって、本当に完成したのでした。

その後、桂さんは、

桂「あんときは口約束だったけど、メチャ重要だから紙に書いたよー。これ、自分が思ってるのと違わないよね？　西郷、こんなこと言ってたよね？」

と、話し合いを文書にして、龍馬に送ります。

その内容（薩摩が言った言葉）は、

「長州と幕府が戦争になったら、薩摩は長州のことメッチャ助けるからね！」

「薩摩が朝廷に言って、長州の冤罪(えんざい)を晴らすよう頑張るね！」

「今日から薩摩と長州は、日本が輝きを取り戻し、立ち直ることを目標に、一緒に頑張ろ！」

などなど、こんな感じのもの。

ご覧の通り、この時点では「一緒に幕府を、倒そう！」っていうより、「薩摩が長州のことを助けるよ！」っていう感じの約束になってたんですね。

龍馬はこれを受け取るとその裏に、

「表に書いてある6ヶ条は、小松、西郷、桂、龍馬が同席して話し合ったよ。一つも間違ってないよ」

と、赤ペン（朱筆）で書き記し、この約束の証人となったのでした。

薩摩と長州の仲直り。それがこの先、幕府にどんな影響を与えるんでしょう……？

次回の注目ポイントは、**〝幕府〟の取り扱い。**

まったく違う〝取り扱い方法〟が出てきますが、共通してる思いは、

「早く引退して！」

です。

エピソード14
巨大な権力、下から頼むか？　横から倒すか？

「薩摩・長州VS幕府」の構図がクッキリ。薩長が「徳川ぶっ潰そう」としてるから、土佐の龍馬さん、平和な革命を画策。

幕末エピソード14ということです。
では、おさらいよ！

幕府、また長州を攻めようとする。
←
みんなそれに呆(あき)れて、薩摩と長州の仲直りを希望。
←

龍馬たち、仲直りに全力投球。

←

《薩長同盟》成立。

薩摩と長州を仲良くさせた、お手柄龍馬くんの忙しさはまだまだ続きます。

ちなみに薩長同盟から2日後には、

寺田屋事件（《寺田屋遭難》とも）

です（〝薩摩の同士討ち〟が起こったあの宿。だから事件の呼び名もカブっちゃってる。196ページね）。

龍馬はこのとき、奥様のお龍さんと、お友達の三吉さんとで、「寺田屋」に滞在中でした。

深夜、お龍さんがお風呂に入っていると、外に怪しい人影が……。

危険を察知したお龍さんは、裸のまま浴室を飛び出して、そのまま階段をダダダダダダッ！

お龍「龍さん気をつけて！　敵が襲ってきた!!」

龍馬「！」

薩摩と長州の周りをウロチョロしていたために、幕府からマークされていた龍馬。

三吉「！（裸だ！）」

京都奉行の役人「テメーか、あぶねー浪人てのは？」

龍馬「おいは薩摩藩士ぜよ。あ、薩摩藩士でごわす」

役人「ウソつけー!!（襲いかかる）」

バキューーーーン！

龍馬は拳銃をぶっ放し、三吉も槍（やり）で応戦。

手の親指を負傷した龍馬ですが、危機一髪その場を切り抜け、近くの材木屋に隠れます。やがて、薩摩藩士に救出してもらい、伏見の薩摩藩邸にかくまってもらったのでした（寺田屋事件で龍馬が使った拳銃こそ、晋作にもらったやつです。312ページ見てね）。

龍馬はこのときのことを、お兄ちゃんに宛てた手紙の中で、「嬉しかったのは、京都の藩邸にいた西郷がこの事件を聞きつけ、短銃に弾を込め、伏見にいるオレを助けに来ようとしてくれたこと！」なんて語ってるんです。

その西郷さんや小松さんのすすめで、ケガの療養のため、お龍さんと出かけた薩摩旅行が、日本初の新婚旅行なんて言われております（小松が先って説もあるけどね）。

さて、薩長同盟は完成したわけですけど、むしろ本番はここから。

長州VS幕府の決戦はもう目の前。

でも幕府……本当はそれどころじゃないんです。

◆幕府のトラブルその1

家茂ちゃんが大坂にいることを知った、英・仏・蘭・米の4ヶ国は、兵庫の港に来てこんなことを言い出します。

イギリス「賠償金の300万ドルを1／3にしてやるから、条約の勅許（天皇の許可）を今すぐ持ってこい！　それと、兵庫の開港も、2年前倒ししろ！」

痛いところいっぺんに突いてきた。

そう、長州からトバッチリを受けた賠償金（273ページ）はまだ払えてないし、確かに、朝廷はいまだに外国との条約を認めてないし、実は、〝兵庫の港〟は、まだ開いてません(京都に近いって理由で孝明天皇にちょー反対され、予定より5年遅らせてもらってるんです)。

幕府と朝廷は、これでもかってモメた結果、

幕府「兵庫の開港、前倒しは、やっぱ無理でした！　でも朝廷は、やっと条約のことを認めてくれました！」

イギリス「やりゃあできるじゃねーか。じゃ300万ドルはちゃんと払えよ。あーそれと、関税率も変えるぞ」

このあとまた「やっぱ兵庫港だけは開きたくない！」と朝廷がゴネて、モメることになります。ちなみに関税率をイジられましたが、これがガチでしんどい条件で、日本はここから、い、い、い、本気の不平等条約に突入していくのです。

◆幕府のトラブルその2

長州やっつけるために大軍を動かせば、ドバッとなくなるのがお米（大人数の兵士に大量

の食料がいるからね）。

米なくなる。値段はね上がる。みんな怒る。イェー。

すると、こんな騒動が。

主婦「お米が高すぎて買えないんです！　どうか安く売ってください。お願いします！」

お米屋さん「無理だね」

主婦「キィエーーーー!!」

西宮（にしのみや）の主婦が米屋をブッ壊します。これ、〝打ちこわし〟って言うんですが、兵庫から発生して大坂にまで広がっていっちゃうんです。民衆の怒り、大爆発です。

以上、２つのトラブルをご紹介しました。

外からも中からもトラブル起こって、幕府グラグラ。

マジで戦争なんかしてる場合じゃないのに、

幕府「長州ぶっ潰す!!」

これしか言わない。

で、薩長同盟の存在を知らないから、

幕府「おい薩摩！　兵を出してくれ！」

ってなことを言っちゃうんですが、当然薩摩は、

薩摩「やだよ」

と、拒否ります。それでも幕府は……。

幕府「長州ぶっ潰す!!」

まだ言うんだもの。ダメだこりゃ。次行ってみよー。ってことで、

第二次長州征討、始まります。

長州に4方向から攻め込んでいく幕府軍（長州では4つの国境から攻め込まれたので《四

境戦争》って呼んでたよ)。

高杉晋作は、自ら軍艦に乗り込んで縦横無尽に暴れまわり、誘いを受けた龍馬もユニオン号に乗って長州のために戦うんですが……

長州軍約4000VS幕府軍約10万

なんです。これはもう笑っちゃうくらいの兵力差。

ただ、さらに笑っちゃうことに、**連勝していくのは、長州なんです。**

インタビュアー（こんなやつはいない）「今日は、長州の大村益次郎さんをお招きして、長州の勝因について語っていただきたいと思います」

大村益次郎「よろしくお願いします」

インタビュアー「まず、前年からの大村さんの手による西洋式戦術への大改革と、薩長同盟による最新式の銃の大量導入。この2つはホントに大きな要素でした。ただ一番は、武士から農民まで一丸となって、『ここで負ければ、長州は終わる』という思いで戦いに挑んだ、モチベーションの高さだと思うんですが、大村さん、勝因はなんでしょうか？」

大村「……もうねーよ。あんたが言ったのでだいたい全部だよ」

インタビュアー「なるほど。かたや、幕府の敗因を幕府の人に聞いてみましょう」
幕府の人「よろしくお願いします」
インタビュアー「いろんな藩がそれぞれのやり方で戦うから、連係一つもとれてなかったね。
武器古ぃーし。おまけに『長州に恨みなんてねーけど、幕府に言われたから仕方ねーしなー』って参加してる藩ばっかだから、モチベーションもマジ最悪。そのへんどう？」
幕府の人「態度悪ぃな！　その通りだよ！」

そんなヘロヘロ幕府軍に、追い討ちをかける知らせが届きます。

将軍・家茂ちゃん、死去。

「トップがいなけりゃ戦う意味ねーよ！」となり、バラバラと引きあげる藩が続出です。

しかし、唯一勝負をあきらめてない男がまだここに。

幕府の若きリーダー、一橋慶喜です。

一橋慶喜「ここから大逆転！　勝つのは幕府……なぜなら、この私が自ら出陣するからだ！」

報告ちゃん「ご報告します！　小倉城（幕府側のお城）燃えました！」
慶喜「なに!?　じゃ、出陣はやめだ！」

すぐあきらめます。で、

慶喜「朝廷さーん、戦いやめろって命令出してくれ！（くるっと振り向き）長州！　今回はこのへんにしといてやる！」

まるで吉本新喜劇（by池乃めだか師匠）。
慶喜くんの謎だらけの行動が入りましたが、この戦い、**長州が完全大勝利**を収めたのでした。

ちょっと話をズラしてもいいですか。
家茂ちゃんのエピソードを紹介したいなと。
家茂の習字の先生に、戸川さんという70歳を過ぎたおじいちゃんがいました。ある日の書道の時間の話です。

いつものように戸川さんから教えを受けていた家茂が突然立ち上がり、墨を磨るための水を、戸川さんの頭の上からぶっかけたんです。

それを見ながら家茂は大爆笑。

家茂「ｗｗｗｗｗ　なんか疲れたー。あとは明日にしよう！」

その場を後にする家茂。

家臣たちは度が過ぎる悪フザケに驚きと不快感を示し、当の戸川老人は泣いてしまったのです。

こんな屈辱、情けなくて涙も出よう。周りの者は気にするなと慰めますが、戸川さんの涙の理由は、情けなさや怒りからくるものではありませんでした。

実は、70歳を過ぎた彼は、ふとした弾みに〝おもらし〟をしてしまったんです。

戸川さんは焦っていました。将軍の前でそんな失態を犯せば、どんな厳罰が待っているかわからない……。

しかし、その異変にいち早く気付いた家茂は、おもらしが誰にもバレないように頭の上から水をかけ、戸川さんを守ったんです。そして、戸川「〝あとは明日に〟とおっしゃってくれた……私の粗相を許し、〝明日も来い〟と……」

〝あとは明日に〟……これは、「お前の罪は問わない」という家茂からのメッセージだったんです。

激動の時代に将軍職に就いた家茂。

若くしてこの世を去ってしまいましたが、勝海舟をはじめ、誰からも愛された将軍だったといいます。

では、本編に戻りましょう。

長州に負けちまって、全員苦笑い真っ最中の幕府ですが、とりあえず次の将軍を決めなきゃなりません。

でね、最有力候補はやっぱり慶喜くんなんです。

当然、周りのみんなは慶喜くんに「将軍やってくれ！」とお願いするんですが、彼の出したひねくれ回答がこれ。

慶喜「徳川宗家（本家）は継いでもいいですけど、将軍はやりませんよ」

ちょ、マジなんなんコイツ!?

って、みんな思ったと思います。

やはり何考えてるかよくわかんない。けど、これにはなんとなくの理由が……。

今のボロボロ幕府で、将軍をやるのはかなりの貧乏クジ。ただ、有力候補が慶喜くんしかいないこの状況で、いったん断れば「お願いだよー。将軍やってよー」と熱望されるに決まってます。慶喜くんとしては、いっぱいお願いされて、味方がたくさんできて、自分の立場が超強力になったところで、「ま、……そこまで言うなら」のスタンスを取って、将軍になろうという考えだったんです（って言われてます）。

学級委員決めるときの、「〇〇くんがいいと思います!」「えー!? オレー!? 別にやるつもりないけど、そんなに言うならしゃーねーなー」と、そんな変わんない気がする。

で結局、「最初っからスッとやれよ!」の眼差しを体いっぱいに浴びながら、

第15代征夷大将軍・徳川慶喜の誕生です。

慶喜「今日から将軍になりました徳川慶喜です！　これからは幕府を頼りにしてくれている孝明天皇のもと、強い幕府をつくっていきたいと思います！　よろしくお願いします！」

と、気合いを入れた20日後、

孝明天皇、崩御（亡くなる）。

将軍に就いてすぐ、慶喜くんは大きな後ろ盾を失ってしまったのでした（孝明天皇の死因については、病気説と毒殺説があり、いまだ論争に決着がついてません。約2週間後、のちの明治天皇が即位します）。

時代の中心に身を置いた者たちが次々と亡くなっていく中、幕末の世を極彩色に彩った〝あの志士〟にも、終わりの時が迫ります。

その志士の名は、高杉晋作。幕府との大決戦のさなか、肺結核という病魔に侵され、血を吐きながら戦っていたんです、高杉晋作は。

長州にとって、とてつもなく大事な一戦を勝利へと導いた晋作。

まるでその代償かのように体は弱り果て、晋作は逝きます。

高杉晋作、享年29（満27歳）。

「おもしろき　こともなき世を　おもしろく」

という句を残してこの世を去った晋作（「こともなき世〝に〟」の説もあります）。
そこに、野村望東尼（のむらぼうとうに）（晋作と仲良し）さんって女流歌人が下の句をつけ、

「おもしろき　こともなき世を　おもしろく
住みなすものは　心なりけり」
（心の持ちようでこの世のとらえ方は変わる）

という歌が、今に伝わってます。
キレイな歌です。ただ……。
ここからは、完全に個人的な意見なんで無視してもらってけっこうです。
僕は、下の句いらねーと思ってます。

「心の持ちようで……」、確かに大切です。それによって自分が変わり、世の中を楽しむことができて、いずれ外部にも影響を及ぼす……こんなところでしょうか。ホントに大切な考えだと思いますが、こと、この歌に関しては、余計です。

晋作を一番近くで見てきた伊藤博文は、彼の激しい生き様を「動けば雷電(らいでん)の如(ごと)く、発すれば風雨の如し」と表現しました。そして、晋作はその通り、とにかく動いた人です。何をさておいても〝行動〟した人です。

だとしたら、「この世をおもしろく」するとは、リアルな行動で世界を変えることなんじゃないでしょうか。世の流れが本当に変わってこそ、「おもしろくなる」ってことなんじゃないでしょうか。

「心の持ちようで」変わるのは自分の内面だけです。個人だけです。そんな精神世界なんてどーだっていい。実際の世界は何も変わっていませんから。「内面が変われば、いずれ外の世界にも影響が……」って意味合いもあるのかもしれませんが、そんなダラダラした解釈はこの歌にそぐわない。〝いずれ〟なんて悠長な感じは晋作に似合いません。内面を変えるなんてウダウダ言ってる暇があったら、まず行動です。

信念を確認したら2秒後に行動。心の持ちようなんてあとで考える。乱暴だけど、この歌にピッタリなのはそんな感じ。

だから、下の句いらないです。スケールダウン感が否めない。あと、上の句だけの方が不完全な感じがして、そこがまたカッコいい。

ちょっとスッキリしました。本題に戻ります。


さ、このあたりからです。

このあたりからみなさんご存知、

薩摩・長州VS幕府

みたいな構図が浮き彫りになっていくんですね。

ここまで描いた感じを見ると、「幕府なんて激弱りじゃん。薩長の方がヨユーで強ぇんじゃねーの？」みたいな印象を受けると思いますが、そうは問屋がまったくおろさない。

マジでよくわかんねー将軍・慶喜くんですが、もともとのスペックはちょー高い。

慶喜「薩摩や長州がイギリスと仲良くしてんなら、こっちはフランスだボンジュール！」

って言って、イギリスに対抗意識を燃やすフランスの力を借り、幕府を大改革。内政面も軍事面も、か・く・だ・ん・に！　パワーアップさせるんですね。

これには、薩摩と長州もスーパー危機感です。

桂小五郎あらため、**木戸孝允**（細かいこと言うと、このときは〝木戸準一郎〟って名乗ってたかな）は、

木戸孝允「幕府のリニューアルヤバっ！　慶喜のポテンシャル侮っちゃダメだ！　あいつ家康の再来になるかもだぞ！」

と、最上級の警戒レベルを発令し、西郷、大久保、小松の、薩摩三羽ガラスも、慶喜くんの力を封じ込めるために動きます。

西郷さんたちは、パパ光、春嶽、容堂、伊達の「この人たち、もうカルテット組んだら？」メンバーを京都に呼び寄せ、**《四侯会議》**ってのを開催。会議で政治を進め、慶喜くんがでしゃばるのを防ごうとしたんです。

そして、会議に突入した慶喜＋４人のメンバー。

慶喜「兵庫の港を開く期限が迫ってます。早く朝廷に許可してもらわな……」

パパ光「ちょっと待て！　長州の問題を解決する方が先だ！　まず長州の立場を回復してやるべきだ！」
伊達「そうだそうだ!!」
慶喜「まあまあ落ち着いて。どうです？　みんなで記念撮影でもしませんか？」
４人「わ！　写真撮るー!!」

記念撮影でごまかされるおじさんたち（慶喜くん、写真撮影が趣味なんで。実際に記念撮影はしてますが、モメてるから喜んではなかったかな）。
会議が終わってみると、すべては慶喜くんが望んだ通りの結果に。やはり、彼の方が一枚も二枚も上手。《四侯会議》は大失敗に終わります。
これで、薩摩は悟ります。

大久保「もはや平和的な会議じゃ、慶喜も幕府も押さえつけることができない……」

そして、

西郷「ならば、〝武力〟で幕府を倒す」

薩摩代表たちはついに、
倒幕（もっと言えば**〝討幕〟**）
を決定。
薩摩は幕府と徳川をぶっ壊すために動き始めたのでした。

そんな薩摩のもとに、早速、倒幕の〝友達申請〟がきます。
土佐脱藩浪士の中岡慎太郎の仲介で現れた、
板垣退助（いたがきたいすけ）さんたち、土佐藩メンバーです。

板垣退助「ゼーッタイ倒幕参加します！　30日くれたら兵を連れて戻ってきます！　それができなかったら……生きてあなたに会いません！」
西郷隆盛「勇者だね！　最近こんなツーカイな言葉を耳にしたことがないよ！」
中岡慎太郎「じゃ、オレは西郷さんの人質になる！　もしガッキー（板垣）が約束を守れなかったら、腹を切る!!」

みんな「くぅーーー!!」

その場にいた全員、かなり男の子な盛り上がりを見せて、薩摩と土佐の間に、**薩土密約**(さっとみつやく)ってのが結ばれるんです(内緒のやつね。藩同士の正式なお約束じゃありません)。

これで、土佐メン全員倒幕派……になったかと思いきや、そうじゃないんですこれが。

実は、土佐藩からは、〝もう一つの考え〟が生まれてくるんですよ。

では、別角度から土佐藩の動きを追ってみましょう(時間巻き戻すよ! 何度もごめんよ!)。

土佐藩の幹部クラス・**後藤象二郎**(ごとうしょうじろう)は悩んでました。

後藤象二郎「土佐藩ってば影うすい! 中央の政治から遠ざかっちゃって、しょぼぼんだ! 土佐をもっと強く豊かにしたい! オレは何かに目をつけるぞ!」

と言って目をつけたのが、土佐出身の坂本龍馬。

貿易やるわ、薩摩と長州仲良くさせるわで大活躍の、龍馬&亀山社中に大注目したんです。

でも、後藤と龍馬にはなかなかの因縁が……。

龍馬の友人の武市半平太や土佐勤王党メンバーを処刑した張本人は後藤です。一方、その後藤は、義理の叔父である吉田東洋を、龍馬が所属していた土佐勤王党に暗殺されています。

まっすぐに敵同士。という2人が、話し合いをしたわけです。

亀山社中メンバー「坂本さん、後藤のヤローどうでした⁉」

龍馬「おもしろいやつかも！　オレらむちゃくちゃ敵同士なのに、過去には一切触れず、これからのこと、未来のことしかしゃべらないんだよ！」

亀メン「いろんな人を見てきた坂本さんがアリなら、アリなんでしょうね！」

後藤は龍馬の脱藩の罪を許し、亀山社中ごと土佐藩に引き入れます（ちなみに龍馬くん、1回目の脱藩は勝さんのおかげでチャラになってるけど、もう一回脱藩してたんす）。

と同時に、亀山社中はメタモルフォーゼし、

海援隊（かいえんたい）って名前の組織に大変身（土佐藩を〝海〟から〝援護〟するって意味ね）。

こうして、龍馬と後藤は、ガッツリ力を合わせ始めます。

で、そこからすぐです。

《四侯会議》まっただ中の山内容堂さん（土佐の殿）から後藤に、「後藤ー。京都来てー。会議がグダグダなのよー。力貸してーー！」との呼び出しが。

後藤は龍馬を誘い、京都へ出発します。

この行きの船の中で、龍馬と後藤の、いや土佐藩の、いや幕府の、いや日本の、いや幕末の、もうどれでもいいんですが、運命を決定づけるアイデアが龍馬から披露されるんです。

龍馬「まず1つめはね、〝この国の政権を朝廷に返して〟、国の命令は朝廷から出すことにしたらいいと思うんだ。次、2つめ。上院、下院の議会をつくって、そこに議員置いてさ、全部会議で決定したらどうかな」

後藤「……なんかスゲーこと言い始めた！」

長岡（海援隊の人）「メモります！」

龍馬「3．能力ある公家や大名、世の中の優秀なヤツに官位あげてさ、お飾りの官位やめよ。

4．外国との付き合いは、ひろーく会議してさ、新しくていい感じの条約結ぼうぜ。

5．昔からの法律生かしてさ、新しい完ペキな憲法つくろ。

6．海軍強くしよ。
7．天皇を守る兵をつくって、京都を守ろ。
8．金銀物価は、外国と平均にする法律をつくろ。
これからの日本、こんな考え良くない？」

後藤「………最高かよ」

龍馬がぶっ込んだ、議会、人材、新条約、憲法……新時代の構想がパーフェクトに入ったこの〝船の中の八つの策〟は、

船中八策（せんちゅうはっさく）

と呼ばれるものです（《船中八策》は文書として残ってないから「これはフィクションだ！」っていう説も根強いよ）。

んで、船中八策にある〝この国の政権を朝廷に返して……〟って考え。

「幕府が政治する権利を朝廷に返しちゃう」、これこそが、幕末クライマックス最重要ワード、

《大政奉還》（たいせいほうかん）

と呼ばれるやつでございます。

勝海舟、大久保一翁、松平春嶽、横井小楠……といった龍馬の仲良しさんたちがずっと唱えてきた「もうこれしかねーだろ」理論です。

後藤「これ、殿（容堂さん）に言おう！　で、殿の許可もらって幕府に行こう！　この案が採用されれば、土佐藩は脚光浴びまくりだ！」

龍馬「政治の権利を朝廷に返せば、幕府をぶっ倒す理由がなくなって、すべてを平和に解決できる！」

龍馬&後藤「やるっきゃねーだろ大政奉還！」

土佐藩と日本の明るい未来に、胸が躍る龍馬と後藤。

これが土佐藩で生まれた〝もう一つ〟の考え。

「《大政奉還》で、平和に革命しよう！」です。

エピソード15

翼は折られ、もがれ、引き千切られる

こうして幕府は滅び、新政府がスタート。このごっちゃごちゃをわかりやすくするよ！

幕末エピソード15！
おさらい！

龍馬、襲われる。《寺田屋事件》
　←
幕府、トラブってんのに長州攻める。負ける。
《第二次長州征討》
　←
慶喜くん、15代将軍シューニン。

←高杉晋作、お亡くなりに……。

←《四侯会議》失敗で、薩摩は倒幕を決意。

←薩摩と土佐が《薩土密約》を結ぶ。

←龍馬と後藤、《船中八策》からの《大政奉還》目指す。


《大政奉還》を実現させるため、龍馬と後藤は走り始めます。

とりあえず、この計画で一番最悪なパターンは、《大政奉還》をする前に、幕府が倒幕派によってぶっ倒されること。

そうです。薩摩を説得しなきゃ、なんです。

後藤たち土佐メンは、龍馬の仲介（おそらく！）で薩摩と話し合います。

後藤「今、幕府を討とうとすれば、日本国内で戦いが起きて、これはチャンスだと外国が攻めてくる！　武力で幕府を倒すのは待ってください！　我々が考える大政奉還を認めて、協力してください！」

西郷・大久保・小松「いいよー」

なんと意外にもすんなりオッケー。で、

薩土盟約ってのを結びます（これは、藩と藩との正式なお約束）。そこで、

「慶喜には将軍辞めてもらって、〝一大名〟になってもらおう！」とか、

「公卿から庶民にいたるまで、選挙で議員選ぼ！」みたいな約束事を決めるんです。

後藤「わかってくれて嬉しいです！　とりあえず容堂さんに大政奉還について説明するため、土佐へ帰りますね（あのヤロー、京都に呼び出したくせに土佐戻ってってから！）。〝10日後〟にまた京都に戻ってきます。で、大政奉還やるときのアクシデントに備えて、土佐から〝兵を連れて〟きます！」

後藤は〝10日後〟に、〝兵を連れて〟戻ってくると、薩摩に約束します。

でも変じゃありません？
薩摩は幕府を倒すんじゃないの？
なんで平和な大政奉還を受け入れるの？
僕らと同じ疑問を感じた長州も、薩摩に尋ねました。

長州「ちょっと薩摩さん！　大政奉還に乗っかったらしいじゃん！　もうなに？　平和的にいく感じ!?」
大久保「大丈夫。武力を使って幕府を倒します」
長州「だったらなんで……」
西郷「慶喜が、政権をすんなり朝廷に返すわけがない」
長州「！」
西郷「慶喜が大政奉還を拒ったときがチャンス。『なら仕方ない。もう幕府を倒すしかない』と、倒幕の正当な理由ができる。そうなれば、さすがに土佐も倒幕に協力するでしょう」
長州「……ブラボー」

薩摩、やっぱりバリバリの武力倒幕路線でした。

「やってみりゃいいじゃん。どうせ失敗するよ」って考えのもと、土佐（後藤）のやり方を受け入れたんです（諸説ありっす）。

そうとは知らない土佐の後藤さん。とにかくこの大イベントを成功させるため、まず容堂さん（土佐の殿）に大政奉還のことを説明します。

後藤「……ってことなんですが、いかがでしょう？」

容堂「むちゃくちゃいいじゃねーか！　うちは徳川家に恩がある。このやり方ならギリギリ徳川家を守れる。でかした後藤！」

後藤「（龍馬のアイデアだけど……）はい！」

容堂「ただ、政権を返すのは仕方ないと思うけど、将軍は辞めさせなくていいよね？　かわいそうだよ」

後藤「………で、ですね！」

容堂「あと、兵を連れて行って大政奉還とかダメだよ。プレッシャーをかけるとか失礼だよ」

後藤「…………し、失礼ですよね！」

微妙〜にずれたゴーサインが出ます。

さらに後藤さん、なっかなか京都に戻れず、幕府に「大政奉還やりましょうよ！」という意見書も提出できません（「イギリス人水夫を殺した」って容疑が海援隊メンバーにかけられ、その処理に追われてたんす）。

結果、薩摩の人たちに〝10日で戻る〟と約束したのに、後藤が京都に現れたのは驚きの約2ヶ月後……。

後藤「マジ遅くなりました！」
西郷「薩土盟約終わりにしよっか」
後藤「えーーー!?　遅刻して兵も連れて来てない全部オレのせいだ！」
西郷「いや後藤さんいない間にね、やっぱ武力使って、ソッコー幕府倒そうって話になったのよ」
後藤「そ、そんな！　大政奉還チャレンジまで待ってください！」
西郷「事情が変わったんだよね。まぁそれぞれのやり方で頑張ろう。じゃ……」
後藤「ちょ、ちょ待てよ！」

薩土盟約、あっけなく解消。

その理由は、「後藤の遅刻」「兵を連れて来てない」……。他には、

1．幕府が《大政奉還》を受け入れるかも、な雰囲気を出してきやがって焦った。

2．薩摩藩内でも「倒幕反対！」の声があって、これ以上時間を置くと、その声が大きくなる。

3．後藤が用意した、〝大政奉還の意見書〟の下書きを見たら、「慶喜の将軍職辞任」の項目を削ってたから。

などなどの理由があったと言われてるけど、これまたハッキリとわかってないやつです。

そしてここから、土佐と薩摩、それぞれの焦りが大噴出。

西郷「幕府が大政奉還受け入れちゃったら、倒す理由がなくなる！」

後藤「武力で幕府倒されたら終わりだ！　平和な革命が実現できない！」

西郷＆後藤「急げーーー!!」

おのおのが望む〝革命〟に向かって、デッドヒート。

薩摩はまず、倒幕コンビの相方、長州に声をかけます。

薩摩の大久保「幕府を倒すため挙兵します！　長州にも兵を出していただきたい！」

長州の木戸孝允「もちろん！」

長州の出動決定。

さらに、芸州藩（広島県だよ）にも声をかけ、こちらも出動オッケー。

もちろん、土佐も負けてられません。ようやく、

土佐の後藤「これ《大政奉還》の意見書です。よろしくお願いします！」

幕府の板倉（老中）「受け取りまーす」

土佐は幕府に《大政奉還》の意見書を提出します。

それでも薩摩はヨユー。なぜなら、もうすでに倒幕の準備は整っていたから。今頃は、兵が海を渡り、西郷たちの待つ京都へ……のはずが……

長州「薩摩さん！　あんたんとこの船と、三田尻（山口県）で待ち合わせて一緒に行く予定だったけど、まだ来ないよ！」

西郷「えぇ!?」

船、渡ってません。

薩摩の小松「ヤバい！　薩摩の中で、倒幕反対のヤツらと内輪もめしてるのかも！」

芸州藩（広島県ね）「あのー……うちらも1回ステイしていいですか？」

薩摩の大久保「なぬ!?」

芸州「まだ芸州藩的に揺れてんすよ。土佐の後藤さんとずっと話してて、やっぱり大政奉還もありだなー……なんて！」

薩摩の西郷「ウソでしょ!?」

長州「はい、いったん中止ーー!!」

3藩の挙兵、1回取りやめになっちゃいます。

こいつはヤバいと焦った西郷さん大久保さん。みんなを倒幕の方向に向かわせるため、つ

いに
　奥の手を使っちゃうんですね。それが、
討幕の密勅（「慶喜を討て！」っていう天皇の秘密の命令）
ってやつです。
　これは、ひそかに薩長と倒幕の計画を立てていた、
岩倉具視（お久しぶり。105ページに出てきたね）
が力業（ちからわざ）で引き出した最終兵器でして……。
　そこに書かれていた内容をググッとはしょると、
「慶喜は悪いことばっかしてきた。あいつをぶっ殺せ！」
というメタクソに過激なものだったんです。さらに、
「長州の罪許す！」
「幕府に協力した、会津の松平容保と、桑名の松平定敬も、ぶっ殺せ！」
てな指令も一緒に出され、その指令は最初に薩摩藩、続けて長州藩に届けられたのでした。
　そして、この密勅の一番すごいところは……
〝偽物〟です（多分）。
　さも天皇の言葉のように書かれてあるけど、差出人は3人の公卿の名前だし、本来天皇が

出したのであれば、天皇が直接書いた「日付」と「可」って文字が入ってなきゃダメなんです（どんな命令文も文書自体は他の人が書くよ）。しかし、その文字がこの密勅にはない。

幕府倒したいからって、岩倉さんや薩長でニセモノの勅書をつくる……こんなやり方ギリアウト。いや、大アウトです。

ただこれで、薩長のスタンバイは完了。

一方、《大政奉還》の意見書を受け取った慶喜くんたち。こんな超重要案件なのに、

板倉（老中）「大政奉還……」

永井尚志（ながいなおゆき）（若年寄）「どうしましょ？」

慶喜「やろっか」

と、まさかのソッコーオッケーです。てか慶喜くんたちたった3人で、幕府の未来を決めようというんだから驚きです。

慶喜「みんなで話し合って決めた方がいいんだろうけど、混乱して決まらないと思うから、

あとでみんなに報告しよ」

というわけで、京都の二条城で、各藩の代表者に報告することに。

慶喜「幕府の政権を朝廷に返したいと思う！」
各藩の人たち「！！！」
慶喜「意見のある者は申し出てほしい」
各藩の人たち「…………」
慶喜「……ないのね。じゃ解散！」

事後報告の方が大混乱になりそうですが、スムーズ！
反対意見まったくなしの、混乱ゼロ（解散したあとに、後藤や小松が「ご決断、お疲れ様でした」的なことを慶喜くんに言いにきたぐらい）。

で、次の日の、
慶応（けいおう）３年10月14日（１８６７年11月９日）。
慶喜くんは「大政奉還したいよ文書」を朝廷に提出。

で、翌日受理されます。

《大政奉還》、サラッと成立です。

薩長「うおぉい！　マジでか!?」
土佐「よっしゃあぁぁーーーー!!」

革命の女神は土佐藩に微笑んだのでした。

ただ、薩長が制してもおかしくなかった……ってくらい、ギリギリ。

大政奉還をめぐる戦いは、アクション映画さながらの、時間との戦いでもありました。

慶喜が二条城に各藩の重臣を集めたのが10月13日。

朝廷に「大政奉還したいよ文書」を提出したのが10月14日。

一方で、薩摩と長州が討幕の密勅を受け取ったのが、10月14日です。

ドンかぶりです。

もう、ドン・カブリなんです（誰）。

さて、この大政奉還の成功。もしかすると、誰よりも望んでいたのは龍馬かもしれません。

実は、この大イベントがスムーズにいくと思ってなかった龍馬は、後藤にこんな手紙を送っていたのでした。

龍馬「大政奉還がダメだった場合は、切腹するでしょ？　先生（後藤）が戻ってこなかったら、ぼくたち海援隊が慶喜を討ちます。地獄で会いましょう」

激しい。

そこから一転、大政奉還が成立したことを知ると、龍馬はポロポロと涙しながら語ったそうです。

龍馬「よくぞご決断を……。龍馬は誓って慶喜様のために命を捧げよう」

これはこれで激しい。

その後、「新しい政府の政策はこんなのいかがでしょう！」案（《新政府綱領八策》）と、「新しい政府にはこんな人事いかがでしょう！」案（《新官制議定書》）を考える龍馬。

未来のため、まだまだフルパワーで活動していたそのさなか、大政奉還から1ヶ月後のことです。

坂本龍馬、暗殺——。

「近江屋」ってとこで、中岡慎太郎との会談中に襲撃され、龍馬は命を落とすんです。

重傷を負った中岡も、その2日後に死亡。

日本がまた、大きな財産を失った瞬間でした。


「龍馬・中岡を殺したのは一体誰だ？」というのは、今でも取り上げられるミステリーです。

明治になって、元・京都見廻組（幕府の組織）の今井信郎が、龍馬暗殺に関わったことを自供して、実行犯は判明。

でも黒幕は？

見廻組のボス、松平容保？

武力倒幕を阻止された、薩摩藩？

大政奉還を自分の手柄にした、後藤象二郎？

様々な説が浮上したけど、全部推測でしかないから謎のまま。

もっと言えば、実行犯も自供によるものなんで、ホントのガチの真相はわからないんです。

ただ、本当の謎は、

「この2人があともう少しだけ生きていたなら、一体何をしていたのか？」

だと思うんです。

また突拍子もないことにチャレンジしてたのか、もしかすると龍馬は日本を飛び出し……。誰もが望むことだが誰も成し得なかったことを、ことごとく具現化させた坂本龍馬。世間の批判にビクともせず、自分を信じ抜き、周りから見れば無謀な挑戦にひた走ったのは、己の欲のためじゃありません。人のこと、世のことを心の底から真剣に考えた。その生き方こそが、龍馬のなんとも言えない魅力を引き出している、そんな風に感じるんです。

かつて龍馬が詠んだ歌は、150年経った今でも、我々の背中を押してくれます。

「世の人は　我を何とも　言わば言え
　我がなすことは　我のみぞ知る」

絶対に実現したい目標があるとき、誰もがこの思いでいいんじゃないでしょうか。

しかし、それにしても慶喜くんです。

やけにあっさり大政奉還したと思いませんか？

でもね、この人のやることです、そこにはちゃんと裏があるんですよ。

大政奉還したあと、慶喜くんは将軍の辞職願を朝廷に提出。すると、

朝廷「待って待って待って！　今各大名たちに上京してくるようにお願いしてるの！　新体制ができ上がるまでは将軍でいてよー!!」

フフフ……だろうな〜。

政権を返したところで、朝廷に政治をする能力なんてない。徳川にすがってくるのは想定内。

さらに、慶喜くんは将軍辞めたとしても〝内大臣（ないだいじん）〟っていう偉ーい地位と、徳川家の莫大（ばくだい）な領地を持っています。

ハッキリ言って徳川慶喜、まだけっこう無敵ジョータイ。

しかも、新しい政治体制ができ上がったところで、「そのリーダーも当然オレだろ？」って思ってるから、気前よく大政奉還した。と、こういうわけだったんです。

しかし、

岩倉＆薩長「慶喜や徳川家の力は全部奪う!!」

と決めてる、岩倉具視&薩長は、もう次の手を考えちゃってるんですね。

それがあの有名な、

王政復古の大号令

というやつ。

「ホーヘンフッホのハイホーヘー？　なにそれ？」という方もおられるかもしれません（いねーか）。

簡単に言ったら、

「幕府が政治をやるのではなく、大昔のように天皇が政治をやってた頃を復活させましょ」

というのが、王政復古の大号令なんですが、ちゃんと説明しましょう。

前日から続く朝廷の会議で、岩倉さんの謹慎はとかれ（実は謹慎ちゅーだったんすよ）、長州の罪も許された、慶応3年12月9日（1868年1月3日）。

岩倉さんは、天皇に〝ある文書〟を提出します。それが、

「摂政、関白、幕府……とにかく今のシステムをぜーーんぶなくし、武士が出現するより前、藤原って貴族が朝廷を牛耳るより前まで大リセットして、新しく《三職》（総裁、議定、参与）ってのをつくりましょ」

という、オケラだってアメンボだって腰を抜かす内容だったんです。

ところが、この大変革がなんと《大政奉還》同様、スッ……と決まって、いわゆる「新政府」ってやつがスタート。

「幕府」や「将軍」が、ここで完全になくなるんです。

これにより、
260年以上続いてきた幕府が……


徳川が支配した、武家史上最長の政権が……終了！


お疲れっした!!

「私にはスタートだったの。あなたにはゴールでも」

の発表が、《王政復古の大号令》という出来事だったんですね。

そして、その日のうちに《三職》が開いた、

小御所会議

で、「慶喜、無力化計画」の総仕上げが行われようとしていました。

公家の岩倉具視「慶喜がやってきたことは、許されるもんじゃねー!!　ホントに反省してん

なら官位（内大臣）も土地も返せ!!」

土佐の山内容堂「待て待て待て！　この会議に慶喜くんを呼ばず、功績もゼロにしようとするのはおかしいだろ！　慶喜くんにしゃべらせる機会を与えないなんて、やり方が汚ねーんだよ！」

慶喜くんを新政府に入れてあげるべきだと怒鳴る、容堂さんたち。
慶喜からすべてを奪い、もちろん新政府に入れるつもりなんてさらさらない、岩倉さんたち。
お互いの意見が空中でシャキンシャキンシャキン交わる激論大会になりましたが、容堂さんのあまりの剣幕に、岩倉さんたちは防戦にまわります。
しかし、容堂さんの次の発言でパワーバランスが変化したのです。

土佐の容堂「2、3人の公卿が、まだ幼い天皇（明治天皇）を抱え込んで権力を盗もうとしてるんだろ！」

公家の岩倉「おい、待て……。幼い天皇とは何事だ？　天皇は本当に優れた王で、今回の大事業はすべて天皇のご決断だ。それを幼いだぁ……？　無礼すぎるだろ!!」

容堂「それは（モゴモゴ）……シンプルにごめんなさい……」

ここから、容堂さんちょいと元気を失いますが、まだまだ会議に決着がつきません。

容堂「てか、土地を返却するんだったら薩摩も土地返せよ！　オレだって土地返してやるよ！　なんで慶喜だけが返上しなきゃなんねーんだよ!!」

岩倉「うるせぇぇぇーーーー!!」

中山（なかやま）**（公家）**「はい、きゅうけーーーーい!!」

こりゃダメだと1回休憩。

このとき、外で警備をしていた西郷さんは、会議がディベート合戦になっていることを知ると一言。

西郷「短刀1本あれば足りることだろ」

そんなもん、凶器で脅せばいいんだ――。という意味です。

こわ。

一般的におおらかなイメージの西郷さんですが、こんなに鋭い一面も持ってたんですね(史料に残ってないからどこまでホントかわかんないけどね)。

岩倉さんたち、西郷さんの覚悟を引っ提げ、会議リスタート。

公家の岩倉「(ゾワッ!!)」

薩摩の大久保利通「(ブワッ!!)」

土佐の後藤象二郎「……なんか殺気立ってる……引き下がった方が…よくないですか?」

土佐の容堂「……そうしよ」

公家の岩倉さんや、薩摩の大久保さんの、ギアの入れ方を見て、危険な香りを嗅ぎ取った土佐の後藤さんは、ボスの容堂さんに発言させないようにします。その結果、

岩倉さんたち「よっしゃー!!　慶喜は官位はく奪、土地も返却だーー!!」

となり、チーム岩倉が勝利を収めたのでした。

会議が終わり、この結果が慶喜くんに伝えられます。

松平春嶽「……というわけで、官位も土地も取り上げられることになったんだ……」
慶喜「土地はキツいなぁ……」
会津「は？」
桑名「は!?」
徳川の家来「はーーーーーー!?」

慶喜くんより大きくリアクションしたのは、会津、桑名、徳川家の家臣といった、幕府側の人たちです。
それもそのはず、土地がなくなってしまえば、2万人以上いる徳川の家臣は世紀の大リストラ。その家族を含めると膨大な人数がごはんを食べられなくなっちゃうわけです。

会津&桑名&徳川の家来「岩倉!! 薩摩!! 出てこいよ！ ケンカだケンカ！ ケンカしてやるよ!!」
慶喜「落ち着いて！ ちょ……だから落ち着いて！ ちょっとおさまりそうもないんで、とりあえず大坂に行きますね！ ほらみんな移動するよ！ だ…ちょ……落ち着い

　　て!!」

春嶽「……大丈夫かな……」

慶喜くんは混乱を避けるため、みんなを連れて二条城から大坂城へ移動します。

こうして、岩倉さんたち倒幕派は、小御所会議で徳川という大きな敵を倒し、このあとも、彼らの思うがままにことは進んで……ないんです。

ここからまた、もうひと展開！

佐幕派（徳川LOVE）の逆襲が始まります。

松平春嶽さん、山内容堂さんらが、

「岩倉や薩摩のやり方は強引すぎる！　慶喜くん。あいつらの言うこと、全部は聞くことねーよ！」

と、岩倉&薩摩に猛反発し始め、他の藩からも抗議の声が殺到することに。

福井の春嶽「こういう声が大きくなってるさなか、慶喜くんの辞官納地（辞職して土地を返す）を具体的にどうお考えなんですか？」

岩倉「や、その……慶喜くんは《前内大臣》て肩書きを名乗ってもいいし、土地を返してくれたら……新政府のメンバーにも入れる……かな」

思いっきり弱気になってしまった岩倉さん。
その頃、慶喜くんはというと、諸外国の代表を集めて、こんなことを言うんですね。

慶喜「王政復古はマジ最悪！　国民を混乱させるちょー乱暴な行いです！　なので、ちゃんとした体制が整うまで、みなさんとのお付き合いの窓口は、これからもこの慶喜が担当させていただきます！」

イギリス「え？　そうなん？」

王政復古をディスり、外交の権利は自分にある、ということを超絶アピール。
慶喜くん、まったく死んでません。それどころか、風がまた吹き始めている。
しまいには、慶喜くんの土地の返却は、「罰として取り上げられる」んじゃなく、「慶喜くん自ら、新政府のために土地をあげる」という意味合いに変えられ、「慶喜は悪者」ってニュアンスもなくなるんです。
一度倒れたドミノが全部反対側にひっくり返るかのように、小御所会議で決定したことが覆っていきます。

慶喜くんは追い風ハンパない状態に。このままだと、慶喜くんが新政府のメンバーに入るのもマル確です。

倒幕派からすればチョーゼツ納得いかない成り行きですが、これにて、**世界でも類を見ない、平和な政権交代**が終わったのでした。

いいえ……まだ終わりません。

さ・ら・に、もうひと展開！

それは次回!!

エピソード16
戦争 前編

勝海舟と西郷隆盛の男気によって「江戸無血開城」という奇跡が！
しかし、戦争は、もう誰にも止められない――。

幕末エピソード16！

おさらい！

《薩土盟約》結ばれてすぐ解消。

←

《大政奉還》と《倒幕》のデッドヒートで《大政奉還》がゴール。

←

坂本龍馬暗殺。

↓
《王政復古の大号令》からの《小御所会議》。
↓
徳川家、弱りきったところから盛り返す！
↓
けども……。

まだ終わらない。幕末ったら、一瞬たりとも落ち着かない。

この時期、江戸の町で、浪士たちによる、略奪、放火、暴行が相次ぎます。

で、その浪士たち全員が、江戸の薩摩藩邸に逃げ込んでいくんです。

そして、ついに浪士たちは、庄内藩（山形県あたり）が集合している場所へ発砲するという暴挙に出ます。

老中「薩摩の仕業だろ……これ全部。ふざけろよ……おい！　薩摩藩邸メッタメタにしてやれ!!」
庄内藩「当たり前だーーーー!!」

怒り狂った幕府側は、庄内藩を中心とした軍勢に命令し、薩摩藩邸を焼き討ちにするんです。

この報告を聞いた大坂にいる旧幕府のみなさんも怒り狂います。

会津藩「薩摩がそんなことしてくれたのか……」
桑名藩「もう我慢できねーなー……」
旧幕府兵士「薩摩と戦争だーーーーーー!!」
慶喜「待つんだ!!」
会・桑・幕兵「待たない!!」
慶喜「待たないのか!!」

慶喜くん、完全怒りモードになった部下たちを制止することができません。
怒りの炎に包まれた旧幕府のみなさんは、
《討薩(とうさつ)の表(ひょう)》
というものを朝廷に提出。

「《王政復古の大号令》以来のいろいろが、薩摩の陰謀っていうことは誰もが知ってます。江戸で悪さをしてるのも島津家のやつらなんで、こちらに引き渡してください。この意見が採用されないなら、やむを得ません。ぶっ殺します」

ハードです。もう、絶対戦います。

そして、この文章の感情そのままに、旧幕府軍は京都に入り、薩摩らの新政府軍と戦うことになるのでした。

この戦いのキッカケになった、江戸での浪士による暴動ですが、この黒幕……西郷さんだという説があります。

慶喜側に有利な現状になってしまった今、大逆転を狙うには、直接対決しかない。しかし、こちらが悪者にはなりたくないので、向こうから攻めてきてもらいたい。そのために浪士に犯罪行為を指示し、庄内藩に向かって発砲までさせた……。

本当のところは一体どうなんでしょう。

ただ一つだけ確かなことは、日本国内で〝戦争〟が始まってしまったという事実です。

旧幕府軍（幕府陸軍、会津藩、桑名藩、新選組、見廻組、他の藩など。慶喜はこっち）と、

新政府軍（薩摩藩、長州藩中心。朝廷はこっち）は、
鳥羽街道（京都市南区）と、伏見（京都市伏見区）で、激突。

旧幕府軍約1万5000VS新政府軍約5000。

鳥羽・伏見の戦いが開始されます。

旧幕府軍が、古ぅーい武器を持って、戦術なしで突撃を繰り返すのに対し、大量の銃や大砲でズババババンと攻撃する新政府軍。この文章からなんとなく読み取っていただけると思いますが、旧幕府軍はボッコボコにやられます。

そんな中、旧幕府軍の瞳に、彼らの戦う気力を、さらにかっさらっていく衝撃の光景が飛び込んできたのでした。

旧幕府軍「おい！　あ、あれは!?」

彼らが目にしたのは……

岩倉さん、大久保さん、品川弥二郎（松下村塾の人）さんが相談し、バッチリ準備していた、スーパーアイテム——。

旧幕府軍「に、錦(にしき)の御(み)旗(はた)だーー!!」

新政府軍の陣に掲げられた、
錦の御旗（《錦旗(きんき)》とも言うよ）です。
天皇の軍＝正義の味方＝《官軍》
天皇に刃向かう軍＝超悪いやつら＝《賊軍》
で、この〝錦の御旗〟というのは「オレたちが天皇の軍だー！」という官軍の証(あかし)なんです。

旧幕府軍のみなさんからすれば、自分たちのことを「薩摩という悪いやつらを倒しにきた正義の味方」だと思ってるところへ、突然目の前に、錦の御旗を掲げられたわけですよ。

旧幕府軍「あっちが錦旗を掲げてるってことは……え、オレたちが賊軍!?」

一瞬で悪者にされた旧幕府軍の精神的ダメージは計り知れません。

おまけに、「賊軍になるのは嫌だ！」と、旧幕府側から薩摩＆長州側に寝返る藩まで現れてしまいます。
一方大坂城では、

慶喜「戦争になったんなら仕方ない！　戦え！　1000騎が1騎になっても戦えーー!!」
伝令さん「申し上げます！　薩長が、錦の御旗を掲げたもよう！」
慶喜「き、錦旗を!?……オレたちが、朝敵（天皇の敵）になったということか？……江戸に帰るぞ」
松平容保「え!?」
松平定敬「は!?」
慶喜「我々だけで船に乗り、江戸に帰る」
容保「ちょっと待ってください！　まだ兵士たちは戦ってるんです!!」
慶喜「江戸に帰り、態勢を立て直す」
定敬「それにしても京都や大坂に兵を残していくのはおかしい!!」
慶喜「朝廷に刃向かうつもりなんてこれっぽっちもないんだ！　それなのに賊軍になるなんて！」
容保・定敬「!!」

慶喜「お前らが戦うと言い出したとき、どうにかして止めておけばよかった！」
容保「そんな……」
慶喜「とにかく江戸に帰る。ついてこい！」

この出来事なんです……。慶喜くんが幕末の人物の中でイマイチ、いや、けっ……こう嫌われキャラなのは、このことがあったから。

戦闘中、急にトップがいなくなるなんて、まぁ最悪。

どんな考えがあったにせよ、兵士を見捨てて江戸に帰ったという事実は変わらない。最悪です。

総大将が〝逃げた〟ということを知った兵士たちのモチベーションは、だだっ下がりからの、戦意、大・大・大喪失。

数で上回る旧幕府軍でしたが、敗因の品揃え（しなぞろ）が豊富すぎ。《鳥羽・伏見の戦い》は、**薩摩たち新政府軍の圧勝に終わった**のでした。


この戦いがキッカケで、「慶喜も新政府の仲間に入れよう！」という意見は鼻で笑われるようになり、朝廷から正式に、

慶喜追討令
が出されます（正真正銘の朝敵です）。

慶喜の他に、会津の松平容保、桑名の松平定敬も「ぶっ潰す」対象に設定した新政府。

当然、それに協力した藩も許しません。

新政府「みなさーーん！　一緒に慶喜くんを討ちましょ！　従わないとこは賊軍です。どうなっても知らないよー。逆に謝ってくれたらぜーんぜん許すよー。従ってくれたら土地取り上げたりしないよー」

大垣藩（岐阜県）「従います」

備中松山藩（岡山県）「従います」

唐津藩（佐賀県）「従います」

旧幕府寄りの藩が、オセロばりにひっくり返り、西日本はガラリと新政府色に染まったのでした。

残すは、東。

新政府は《東征軍（東攻める！）》ってのをつくり、軍を3つ（東海道軍、東山道軍、北陸道軍）に分けて、江戸を目指すんです。

そのトップは、

有栖川宮熾仁親王（和宮さんの元フィアンセ）。

そして、参謀には、

西郷隆盛。

260年以上、攻められることのなかった江戸城が今、標的に——。

慶喜くんはこの状況に戦意ソーシツですが、家臣たちはまだあきらめてません。

小栗忠順（おぐりただまさ）（幕府のちょー優秀な人）「戦いましょう！」

榎本武揚（幕府海軍の指揮官）「そうです！　このまま引き下がるおつもりですか！」

慶喜「…………」

小栗「新政府軍が箱根に入ったら、駿河湾の幕府艦隊が砲撃で足止めするんです！　敵の退路を断ったところを、フランス式に改革された幕府陸軍で一気にたたく！」

慶喜「……戦いはしない。朝廷に弓を引くことはできない」

小栗「しかし!!」

慶喜「話は終わりだ!!」

小栗「お待ちください!!……く…う……うっ…」

慶喜くんは、最後まで戦うことを主張した小栗さんをクビにします。

そして、抵抗する気力がゼロに近づいた慶喜くんは、旧幕府の舵取り（かじとり）を2人の家臣に任せるんですね。それが、

勝海舟と**大久保一翁。**

勝さんを《陸軍総裁》という軍事のトップに、大久保さんを《会計総裁》という内政のトップに任命するんです。

エピソード1で阿部正弘さんが発掘した人材が、徳川の最後を守ることになる……これだけでも、とんでもねー大河ドラマだと感じるのは僕だけでしょうか。

このあと慶喜くんは、「戦いましょう！」と説得してくる人に全部ノーを出し、なんと容保・定敬兄弟も江戸から追放。ついには自身も江戸城を出て、上野の《寛永寺》で謹慎することに。

完全に新政府に恭順（従うこと）することを決めたのでした。

慶喜「もう抵抗するつもりはない……誰か新政府に伝えてくれ」

慶喜くんや彼の周りは、「すでに戦う意思はないから、どうか広い心で許してほしい」とお願いすることに必死になります。

幕府に嫁いだ和宮「慶喜は悪いことしたんだからどうなっても仕方ないけど、徳川家は存続させて！　お願いです！」

薩摩の西郷隆盛「和宮様も今となっては〝賊軍〟の一味だ。慶喜が謹慎すれば徳川家がどうにかなると思ってるんだろうが、手を緩める気はない。討つ！」

薩摩の大久保利通「まったくあほらしい。慶喜は必ず討つ！　そして、首都を大坂に移す！」

福井の松平春嶽「慶喜はこちらに従う意思を示しているんだ！　それを討つなんてヒドすぎる！」

土佐の山内容堂「隠居して謹慎までしてる者をイジメちゃダメだろ！　許してやってくれ！」

長州の木戸孝允「慶喜を討てばどんな反発が待っているかわからない。命だけは救ってやるべきだ！」

幕府に嫁いだ篤姫「個人的に慶喜は好きくないけど、徳川家はどうにか存続させて！」
薩摩の大久保「大坂に首都を！」

慶喜くんと徳川家の存続、まだどっちに転んでもおかしくない状態（ちょいちょい大久保さんの「首都大坂！」が入りましたが、こんな計画があったんです）。

そんな中、新政府軍は刻一刻と江戸に近づいてきます。慶喜くんと徳川の家臣たちは「もう抵抗しません」と言ってるにもかかわらずです。

今や徳川の屋台骨となった勝さんは、その動きを止めるため必死の対応。

勝海舟「新選組！　甲府（山梨県）に行って、新政府軍を止めてくれ！」

近藤勇「りょーかい！」


新選組は《甲陽鎮撫隊（こうようちんぶたい）》と名前を変え、甲府に進撃。

そこで板垣退助さん率いる新政府軍と激突します。

かつて京都にその名を轟（とどろ）かせた新選組。剣に生き、剣に死ぬ侍の道も、最新鋭の火器の前には……

早い話がボロ負けします。

新政府軍の勢い、止めることできず、です（勝さんは、新選組のように血の気の多いやつらがいたら〝これからやること〟の邪魔になると考えて、江戸から彼らを追い出したって説もあります）。

そしてついに、江戸城を射程にとらえた新政府軍のみなさんは、総攻撃の日を3月15日と決定。徳川家は恭順（従う）の姿勢を見せてるのにお構いなしです。

あと数日で、江戸が火の海と化す。何万人もの市民が犠牲となり、戦いで弱りきったこの国は、外国の植民地になるかもしれない……。

交渉の全権を託された勝さんは、この事態を回避すべく、新政府軍の代表と話さなければなりません。

その相手は、

西郷隆盛。

お互いを認め合った2人は、幕末の緊張が頂点に達したこの場面で、再び対峙することになるのでした。

勝さんは西郷さんに手紙を書きます。

「オレたちが新政府に恭順してんのは、徳川の人間という以上に、日本国民だからだ。国内で戦争が起こり、外国から侮辱されるのを防ぎたいからだ。あんたらのすることが正しけりゃ日本にとっての幸せだが、少しでも間違ってりゃ日本は壊れる。そうなりゃ、あんたらがとんっ……でもなく悪ぃことしたってことが、長い年月残って消えることはねぇさ」

ちょっと重ためのジャブです（一部抜粋ね）。

勝さんはこの手紙を、**山岡鉄舟**という男に託します。

山岡鉄舟「失礼します！　絶賛負けてる旧幕府の者です！　勝さんの使いで来ました！」

西郷「勝さんの？　わかった、会いましょう」

山岡「西郷さんですか？　山岡って言います！　これ、まず勝さんからの手紙です」

西郷「手紙？　（読む）……なるほど……」

山岡「慶喜様は新政府に抵抗するつもりはありません！　嘘偽りなく、あなた方に従うことを決めています！」

西郷「……では、こちらから条件を出しましょう」

1. 慶喜を備前藩（岡山県）に預けよっか。
2. 江戸城を明け渡してもらおうか。
3. 軍艦、全部引き渡せ。
4. 武器、まるごと引き渡せ。
5. 城内の家来は向島に移って謹慎しろ。
6. 慶喜の暴挙を助けたヤツらを厳しく取り調べて、処罰しよう。
7. 暴れるヤツらが手に負えない場合、官軍がシバく。

これを受け入れれば慶喜は許され、江戸城への攻撃は中止されるという条件。ですが、正直、全部厳しい。これを聞いた旧幕府の人間は、一人残らずブチギレそうな条件ばかりです。
中でも山岡が激しく反応したのは「慶喜を備前藩（外様）に」という部分でした。

山岡「他の藩に慶喜様を預けるなんてできません！　大切な上司をサバンナに放り出すやつがこの世にいますか!?」
西郷「ちょっとたとえがピンとこないんだけど。のめないなら、江戸城の攻撃を止めることはできない」

山岡「では立場を入れ替えて考えてください！　西郷さんは、薩摩の殿を他藩に預けろと言われた場合、受け入れることができますか!?」

西郷「……わかりました。この話はいったん保留で」

山岡は慶喜の態度を十分に伝え、主君を思う心で西郷を揺さぶり、交渉のスキマをつくり出すことに成功します。

勝「よくやった！　西郷との交渉の道がつくられた！　でかした!!」

山岡を褒め讃(たた)えると、交渉はいよいよ、勝と西郷との会談に持ち込まれることに。

駿府(すんぷ)（静岡県）から江戸へと向かう西郷隆盛。

江戸で西郷の到着を待ち望む勝海舟。

3月13日。いよいよ江戸の薩摩藩邸にて、勝さんと西郷さんの会談が始まります。

この日は、幕府に嫁いだ和宮さんの処遇と、山岡さんが持ってきた降伏条件の確認をして終わりでした。

そして、新政府軍が江戸城総攻撃を翌日に控えた3月14日。

勝は薩摩藩邸を訪れ、相手の到着を静かに待ちます。

ふと庭先を見ると、簡素な洋服にゲタを履いた西郷が、我が家を訪ねてきた友人と対面するような面持ちで歩いてきます。

日本の運命を背負っているなど微塵（みじん）も感じられない様子で。

西郷「これは遅れてしまって申し訳ない」

勝「西郷さん。慶喜様が恭順しているのはご存知のはずだ。周りの人間もみなそちらに従っている。抵抗はしない。だから、明日の江戸城攻撃は中止にしてほしい」

西郷「……ならば、江戸城を明け渡すことができますか？」

無抵抗で江戸城を明け渡す。

それは、徳川家の完全なる敗北を意味します。

しかし、勝は、

勝「わかった……明け渡そう」

江戸市民の安全と、この国の平和を選んだのです。

ただ、他の降伏条件まで丸ごとのめば、「新政府と一戦交えるべし」という強硬派が暴れ出し、これもまた戦争になります。

勝は、その事態を避けるために、西郷が出した条件に、こう答えていきます。

1．慶喜を備前藩（岡山県）に預けよっか。↓慶喜の謹慎は、故郷の水戸でお願いしたい。
2．江戸城を明け渡してもらおうか。↓明け渡すが、その後田安家（御三卿。つまり旧幕府側）に返してほしい。
3．軍艦、全部引き渡せ。＆4．武器、まるごと引き渡せ。↓軍艦と武器はまとめておく。慶喜を許してくれたら、〃ある程度を残して〃そちらに差し出す。
5．城内の家来は向島に移って謹慎しろ。↓城内に住んでる者は、城外に移って謹慎する。
6．慶喜の暴挙を助けたヤツらを厳しく取り調べて、処罰しよう。↓〃命に関わる処分〃はないようにしてほしい。
7．暴れるヤツらが手に負えない場合、官軍がシバく。↓こちらで取り押さえるよう、可能な限り努力する。

すべての条件をゆるいものに変化させ、あちらの要求を〝拒否〟したも同然の回答をよこしたのでした。

普通の交渉相手なら、「本当に降伏する気はあるのか」と激怒し、話はここで終わります。

しかし、西郷ならば……。

西郷なら、オレのことを信用してくれるはず。徳川や新政府という垣根を越えて、日本のための選択をしてくれるはずだ。

勝の思いが届かなければ、明日、戦争が始まります。

西郷の口から次に出る言葉で、この国の運命が決まる。

西郷「…………いろいろ」

戦争か、それとも……

西郷「いろいろ難しい議論もあるでしょうが、私が一身にかけてお引き受けします」

勝の立場と思いをくみ取り、自分が責任を持って新政府へ説明する。西郷はそう決心したのです。

西郷「明日の江戸城総攻撃は、中止します」

この瞬間、100万を超える江戸市民の生命と財産が救われ、徳川家も滅亡を免れたのでした。

〝私〟を捨てて、〝公〟を選び、どこまでも人の命と国の未来を考えた勝海舟。
どんな難問にも、全責任をとる度量の大きさを見せた西郷隆盛。
この2人だったからこそ、
《江戸無血開城(えどむけつかいじょう)》
と呼ばれる奇跡が起こったんじゃないかと思います（話し合いの場には、山岡さんはじめ、他の人もいました）。

実は勝さんは、西郷さんとの会談に先がけて、ある〝準備〟を進めてました。江戸を愛し、江戸の市民と親しく付き合っていた勝さんは、町の火消し、鳶職(とびしょく)の親分、バクチ打ちの親方なんかのところへ出かけて、ある頼みごとをしていたんです。

勝「新政府軍が攻めてくるようなことがあったら、頼みたいことがあんだよ」
火消し「勝さんの頼みならなんなりと！　で、何をやればいいんです？」
勝「町に放火してくれ」

衝撃のお願い。

新政府軍が攻撃をしてきた、もしくはガマンの限界を超える過酷な条件をつきつけてきた場合、市民を漁師さんたちの船で逃し、江戸城と江戸の町に火を放って、敵の進路を妨害するという、とんでもない最終作戦を用意していたんです。

ナポレオンに対してロシア軍が使った作戦を参考にしたらしいですが、この最終作戦も勝さん本人がのちに語ってることなんで、本当かどうかは謎です。

あ、そうだ。ちなみに、なんですが、

五箇条(ごかじょう)の御誓文(ごせいもん)

って教科書とかで見たことあります？

新政府が出したスゲー重要な基本方針なんですけど、これ《江戸無血開城》の日に決まってるんですよ。

このあたり幕末ムチャクチャですよね。同時多発的に重要イベント起こりまくり。

この時代に卒アル（卒業アルバム）あったら、最後の年表んとこグジャグジャになるんじゃないでしょうか。

では、「ちなみに」な話をもう一つ。その後の徳川慶喜と旧幕府軍についてです。

新政府軍に江戸城が引き渡されると、慶喜は水戸へ向かい、しばらくすると駿府（静岡市）の宝台院に移って謹慎します。

徳川家の政権が完全に終わりを告げたこのとき、慶喜や家臣たちの心境はどんなものだったんでしょう。

パリ万博とヨーロッパ各国の訪問を終え、自分を訪ねてきた旧幕臣の**渋沢栄一**に、慶喜は

「これからはお前の道を行きなさい」

と伝えたと言われています。

この言葉を受けた渋沢栄一さんは、それでも慶喜さんの旧恩に報いるため、静岡にとどまりました。が、やがて新政府に招かれ、民部省、大蔵省に出仕するようになります。

しかし、数年後。大蔵省を辞した渋沢さんは、実業家としての道を歩み始め、さまざまな会社の設立に携わるんです。

現在のみずほ銀行、王子ホールディングス、東京ガス、東京海上日動火災保険、キリンホールディングス、帝国ホテル、東京証券取引所、第一三共、などなど。生涯で関わった企業の数は、なんと５００以上。のちに、渋沢さんは**「日本資本主義の父」**と呼ばれるようになるのでした。

「これからは、お前の道を……」

このときの旧幕臣の身の振り方は、既存の組織の形態が変わろうとしている現代の僕らにとって、何かヒントになるようなものが潜んでいる気がします（以上、プチコラムでした）。

さて、本編に戻りましょう。さきほど卒アルがヤバいことになるとお伝えしましたが、そのグジャグジャっぷりは、さらに加速度を増します。

勝さんが、新政府軍に江戸城を引き渡すと……

旧幕府家来「納得いくかーーーー!!」

旧幕府の一部は大反発。江戸を抜け出し、いたるところでバリバリな戦いを新政府軍に挑んでいくんです。

土方歳三（新選組副長）と、
大鳥圭介（旧幕府の人）
は、新選組の生き残りや、伝習隊って部隊などを引き連れ、総勢約2000人の大軍で新政府軍とバトります。

宇都宮、続いて日光で戦い、やがて戦いは〝北〟のエリアへ……。

そして、旧幕府軍の榎本武揚（海軍副総裁）は、

榎本武揚「新政府に軍艦を渡すなんて……（プルプル）。やっぱり嫌だーーー!!　開陽丸！　回天丸！（軍艦の名前です）全部で8隻こっちにおいで！」

開陽丸（軍艦）「くぅーん（鳴いたりしません）」

榎本「徳川家の処分が決まるまで、こいつらを手放すわけにはいかない！　無防備じゃ新政

府に対抗できない！（船に乗り、海へ繰り出す榎本）」

新政府「……いい目してんじゃねーか、あのボウズ（ボウズじゃないです）。おーいボウズ！　徳川を思うお前の心に感動したぞ！　いいか！　8隻中4隻だけ船渡せ！　半分渡したらお前のことは罪に問わない！」

榎本「……わかったよ（4隻渡す）」

新政府「（船やってくる）……あいつ、性能の悪い順から渡しやがった……」

新政府に反抗し、どうにかゲキ強軍艦4隻を守ることに成功（コミカル&ショートストーリーにするとこうです。《開陽丸》は、オランダの最新鋭の技術を結集したスーパー軍艦）。

榎本は、新政府がうかつに手を出せない海軍力を盾に、江戸湾（東京湾）から徳川家の行く末を見届けます。

その後、軍艦とともに〝北〟の地へ……。

反抗期にガッツリ突入した旧幕メンの中でも最高にグレたのが、**《彰義隊（しょうぎたい）》**という軍団。

軍団は、新政府側の人たちを見つけてはケンカをふっかける毎日。

でしたが、軍略クールビューティー・新政府の大村益次郎によって、たった1日で制圧されてしまいます（これ《上野戦争》ってやつ。江戸城にいた大村さんは時計を見て「そろそろこっちが勝つ頃だ」と予測。ズバリ当てたっていう逸話もあるよ）。

そして、生き残った彰義隊の一部は〝北〟へ……。

これだけ〝北〟へ〝北〟へ行ってるので、おわかりでしょうが、幕末最後の舞台は……

〝北〟です。

新政府の次なる標的は、
会津藩主・松平容保（かたもり）。

次回、最終回です。

エピソード17
戦争　後編

涙も涸れる、悲劇に次ぐ悲劇……。
こんな時代が、わずか150年ほど前にあったとは。

幕府エピソード17！　最終回だよ！
おさらい！

《鳥羽・伏見の戦い》が起こって、新政府軍が勝利。
　　↓
《江戸無血開城》で江戸が救われる。
　　↓
納得いかない旧幕府軍VS新政府軍が各地で戦闘。

新政府的に、徳川慶喜同様、絶対に倒したいのが、松平容保率いる会津藩。

このときの容保さんは、

旧政府の松平容保「もう隠居もしたし、抵抗はしねーよ（武装は解くつもりはねーけど）」

って感じだけど、新政府は、

新政府「許さねぇ……よーーー!!」

まったく許す気配なしです。

しかも東北の藩（この頃、東北に30藩くらいありました）に、

「会津を攻めろ！　それに、薩摩の屋敷を焼いた庄内藩にも攻め込め！」

という命令を出し、なおかつ新政府軍も自ら乗り込んできちゃうから、2つの藩は大ピンチ（ちなみに東北で起こる話と前回のエピソードは、時系列でいっぱいかぶってるよ）。

会津&庄内は、それに対抗するため、**《会庄同盟》**ってのを組んで、戦闘態勢を取ります。そしてプロイセン（って国）に、「北海道にあるうちらの土地あげるから手を貸してくれ！」って頼むくらいマジモードになるんですね。ま、断られてんだけど。

かたや、命令を受けた東北の藩たちは、しゃーなしで戦闘の形は取るけど、東北で戦争なんて起こしたくありません。

なので、裏で、会津と新政府軍の仲を取り持とうと頑張るんです。

会津や庄内には「ね、新政府に謝ろ。態度で示せば許してくれるよ！」と、謝罪を促し、一方で新政府軍には、「あの子らも反省してるんで、どうか許してやってください！」と、いっぱいお願いします。

ただ、東北の藩はずっと違和感を覚えてます。

新政府軍に、許してくれー、許してくれーってお願いしてるけど、結局、会津と庄内の罪って……一体何なの？

考えれば考えるほど、薄々思ってた答えしか出てこない。それは、

「長州と薩摩が仕返ししてーだけだろ!!」

多分これです。

「だったらなおさら、会津と庄内が攻撃されんのかわいそうじゃん！」

との思いが強くなった東北の藩は、仙台藩と米沢藩がリーダーとなって、緊急会議を開きます（《白石会議》ってんだ）。

この話し合いで「絶対、会津と庄内を許してもらうべきだ！　みんなの願いを文書にして、新政府軍に提出しよう！」という結論に至ったのでした。

で、提出。で、すぐ却下。「コイツらマジか……」というピリつきに加え、さらに事件は起こります。

新政府軍の世良ってヤツが「もう、会津だけじゃなくて、東北の藩全部やっちゃいましょうよ！」と仲間に送った手紙を、仙台藩士が発見。それを読んだ仙台藩士は「コイツら東北全体を潰そうとしてんのか！」とキレて、世良を暗殺してしまうんですね。

文書の却下。世良の手紙。これらの出来事で、東北の藩は悟ります。

東北の藩「こっちに派遣されてる新政府軍のヤツらは話が通じねー!!　朝廷に『会津と庄内を許してくれ』って、直接意見しよう！」

東北の藩はもっと連携を強め、会津と庄内、さらには東北の地を守るため、**奥羽列藩同盟**（奥羽＝現在の東北）てのを組んだのでした（会津と庄内は入ってません）。

そんな中、東北に近い長岡藩（新潟県）の家老、**河井継之助**という人は、独自の路線を歩もうとします。

それは、奥羽、新政府、どちらにもつかない、〝中立〟という選択。長岡を戦火から守る。

国内でモメてる場合じゃない。といった考えからの判断です。

ただ、この〝中立〟ってのは難しい。強くなきゃ成立しません。軍事的に弱いと、新政府軍から「どっちにつくかハッキリしろ！」と責められるのは目に見えてますからね。

継之助さんは強くなるため、まずお金を集めます。

江戸にある長岡藩の屋敷や家宝を売り払ったり、安く買い占めたお米を箱館（函館）で売ったりして大金をゲット。

そのお金で、最新の武器を大量購入。

当時日本に3門しかなかった、ガトリング砲（ハンドルまわしたらバババババッ！て弾が出るスゲーやつ）を2門も仕入れちゃって、長岡を超完全スーパー武装藩に仕立てるんです。

準備万端整った継之助さんは、《慈眼寺（新潟だよ）》というお寺で新政府軍の人（岩村精一郎って人）と会談。手に入れた強さを武器に、平和的解決に挑みます。

長岡藩の河井継之助「新政府軍に反抗してるわけじゃないが、藩の中でもまだ意見が一致してないんです。ただ、しばらく時間をもらえれば、会津や他の藩も説得できるので、長岡に兵を進めるのは待ってほしい！　でなければ、多くの民衆に苦しみを与えることになります！」

新政府軍の岩村精一郎「ウダウダ時間稼ぎしてんじゃねー！　新政府につかねーなら次に会うのは戦場だ！　はい、終わり！」

30分くらいで交渉決裂（《小千谷談判》と言います）。

このとき岩村は20代前半。継之助さんは40歳過ぎ。

岩村は、継之助さんをどこにでもいる能ナシおっさん家老と決めつけ、話に耳を貸さなかったんですね。人を見る目もないのに、新政府軍という今イケイケのチームに所属してるから、自分もイケてると勘違いしたタイプのパリピです（個人的な感想です）。

中立の立場をとれなくなった継之助さんは、新政府軍と戦うことを決め、奥羽に合流します。

長岡が加わると、新潟の他の藩も加わり、最終的に31藩が加盟した、**奥羽越列藩同盟**（おううえつれっぱんどうめい）が誕生したのでした。

この同盟、この頃には「新政府と戦ってやるよ！」の戦闘グループに変化しており、トップに皇族を迎えて、新政府に思いっきり対決姿勢を見せるようになります（〝北の朝廷〟をつくり上げる構想があったとかなかったとか）。

そんな中、新政府軍と戦うことを決めたスーパー完全武装の長岡藩は、

継之助「グルグルグルグルグルグル……バババババババババッッッ!!」

新政府軍「わ!!　なんじゃこの武器!?」

ガトリング砲などを駆使して、新政府軍にバリバリ勝っていくんです（「ガトリング砲が活躍したのは一瞬だよ」説も……）。

ただ、やはり新政府軍も強くてですね、長岡藩は、ホームの長岡城を奪われちゃうんです。しかし、信じられないのが継之助さんです。奪われた長岡城をまたもや奪い返しちゃうんですから、気合いの入り方がハンパじゃありません。

こんなふうに新政府軍は、継之助さんにムーーチャクチャ苦しめられるんですね。

のちに、品川弥二郎（松下村塾のね）さんが、

「継之助との交渉に岩村みたいなガキを出さずに、北越方面の参謀だった黒田清隆（薩摩）か山縣有朋（長州）を出してたら、戦争せずに済んだんだ！」

って言ってるくらい、新政府軍はこの戦いを後悔します。

しかし、長岡藩の抵抗はここまででした。

継之助さんが、城を奪い返すときに受けた銃弾により重体になってたんです。

絶対的リーダーを失った長岡藩は、またまたお城を奪い返され、継之助さんはその傷がもとで、亡くなってしまうのでした（継之助さんが亡くなる直前、「身分制度はなくなり、侍の時代は終わる。お前は商人になれ」と言われた外山（とやま）さんて人がいるんだけど、この人が、アサヒビールを創業して、阪神電鉄の初代社長になります。スゲー話）。

そこから奥羽越の雲行きはさらに怪しくなっていきます。

ハッキリ言って、もともと強い意志で統一されたグループじゃありません。

「会津はかわいそうだけど……やはり新政府についた方が……」

っていうギリギリの状況で戦ってる藩や、個人の集合体でしたから、新政府側に寝返る藩が出てくるし、敗戦も続くようになる……。

そして、東北のあちらこちらに亀裂が生じていく中、いよいよ会津でも大きな戦いが始まります。

新政府軍の司令官は、板垣退助（土佐）と伊地知正治（薩摩）。

それを迎え撃つのは、会津藩や仙台藩、北のエリアに流れてきた大鳥圭介や土方歳三の旧幕府軍です。

守るべきは、

会津若松城（地元の方は《鶴ヶ城》と）。

ここが奪われれば、会津の、東北の掲げた正義が終わります。

市街地に敵を侵入させないよう、必死に食い止める会津側ですが、兵力と兵器の差は一瞬では埋まりません。

母成峠という場所を突破され、新政府軍はどんどん町に近づいてきます。

食い止めなきゃダメです。でも人手が足りません。でも、食い止めなきゃダメなんです。

ついに、前線で戦う予定になかった16歳、17歳の少年たちのもとにも出撃命令が下ります。

その隊の名は、

白虎隊(びゃっこたい)**。**

最前線に送り込まれた白虎隊ですが、その結果は歴然としていました。

新兵器を携えた屈強な新政府軍に、旧式の武器を持った戦闘経験に乏しい少年たちが勝てるはずがありません。

戦いに負けた白虎隊は退却します。

体力と神経をすり減らしながら、若松城の近く、飯盛山(いいもりやま)までたどり着く少年たち。

飢えと疲労は限界に達していますが、彼らは頂上を目指します。

これから帰るべき若松城を一目見ようと。

歩いて、歩いて、歩いて。

一緒に戦う仲間がいる町を確認しようと。

歩いて、歩いて、歩いて、歩いて、歩いて。

必死の思いで山を登り、山頂から望んだ自分たちの希望の城は、

燃えていました。

煙に包まれる天守と、炎にのまれる城下。

帰るべき場所は、なくなります。

燃え盛る城を目にした白虎隊20名。彼らは、仲間の後を追うことを選択します。

刀を持って向かい合った2人は、お互いの喉と胸を突き、刺し違えます。

しかし、喉を刺された少年は死にきれず、別の少年に首を斬ってもらいました。

首を斬った少年は、自分で腹を斬ります。

また別の少年は、自分で喉を突きましたが、骨にあたりうまくいかず、目の前の岩に刀をくっつけ、体を倒し、全体重をかけ突き刺します。

少年たちは、死んでいきました。

しかし、実はこのとき、若松城は攻め落とされておらず、城下が燃える程度にとどまっていたんです。

が、どんな判断があったにせよ、戦争がもたらしたのは、少年たちの死です。

白虎隊は城が燃えたと間違え……と伝わっていますが、奇跡的に一命をとりとめた飯沼(いいぬま)さんの手記によると、敵に捕まり生き恥をさらすのを良しとしなかった彼らは、城が燃えてないのをわかりながら、自刃（自殺）したそうです。

白虎隊が壮絶な最期を迎えた頃、若松城は猛攻を受けていました。

新政府軍の侵入によって、市民は大混乱に陥ります。

町を壊すための砲弾が次から次へと放たれ、人を殺めるための弾丸が絶え間なく降り注ぎます。

その中を、子供が逃げまどいます。

子供を捜す親が、凶弾に倒れます。

老人が逃げ遅れ、戦闘員じゃない女子が重傷を負い、ケガ人の上にも容赦なく鉄砲の弾が飛んでくる。

城も、町も、人も、すべて破壊されていきます。

そして、戦争には……それぞれの戦い方があります。

若松城下に攻め入った新政府軍の目の前に、ある邸宅が現れました。

鉄砲を撃ち込んでも、何の反応も気配も感じることができないため、一人の藩士がその邸宅に侵入します。

人気を感じないまま廊下を歩き、奥の間に入った彼は、その光景に絶句します。

おびただしい血に塗れた床。

鮮血に浮かび上がるのは、白い死に装束と長い黒髪たち。

倒れているのは女性と子供です。

ここは、会津藩家老・西郷頼母の屋敷。

夫と息子を送り出したあと、頼母の妻・千重子とその家族は、自らその命を絶ったのです。

お城に行けば、女は足手まといになる。それなのに、少ない食料を消費してしまう。ならばここに残ろう。そして、攻めてきた新政府軍に辱めを受けるくらいならば、誇り高き死を選ぶ……。

長女（16歳）と次女（13歳）は自分で喉を突き、まだ幼い子供は千重子が手にかけ、自分はその後自害します。

子供の年齢は、三女から下に9歳、4歳、そして2歳。

母は、どんな気持ちで、娘を手にかけたんでしょう。愛する我が子の未来を、どんな思いで。

呆然と立ち尽くす藩士。しかし、息絶えた彼女たちの中に一人、かすかに息のある者が。

「敵か……味方か………」

長女の細布子が、その残り少ない命で藩士の気配を悟り、尋ねてきたのでした。

藩士は答えます。

「………味方だ」

せめてもの安堵（あんど）を与えてやりたい。

彼女は弱々しい手つきで短刀をたぐり寄せ、摑み、こちらに向けてきます。

この首を斬ってください――。

そう示している。

藩士は、死にきれない苦しみから彼女を解放してやるため、すぐさま首を斬ってやったのでした。

会津城下の屋敷では、このような惨劇が他にもたくさん起こっています。

やがて、この戦いにも終わりが迫ります。

米沢藩、続いて仙台藩が降伏。

孤立した会津藩には、新政府に抵抗する力は残っておらず、ついに会津も降伏します。

すべてをズタズタに引き裂かれながらも、1ヶ月という長い籠城戦を戦い抜いた、**会津戦争**が終わったのでした。

天皇に尽くし、幕府のために動いた、松平容保。

その殿をどこまでも支えた会津藩士。

正しい道を歩んでいたつもりが、いつのまにかこの国の〝悪〟とされた無念は、どれほどのものだったんでしょう。

しかし、正義を貫く戦いで、犠牲になったのは会津の市民です。

戦争のために、大きな年貢（税）を強いられたのは、農民です。

選択肢を与えられないまま、絶望の世界に閉じ込められた会津の人たちの苦痛。

こちらの悲しみもまた計り知れません。

そして、会津の降伏からほどなく、庄内藩が降伏。

こうして、《会庄同盟》も《奥羽越列藩同盟》も崩壊していったのでした。

さて幕末、あとほんのちょっとだけ物語が！

最後の舞台は、さらに〝北〟です。

新政府軍からスーパー艦隊を守った榎本武揚。徳川家が駿府（静岡県）に無事移り住んだのを見届けて、仙台へ向かいます。

ところが、もう《奥羽越列藩同盟》は崩壊寸前のタイミング。

榎本「じゃ、前々から考えてた〝北〟を目指すぞ」

となり、さらに〝北〟、《蝦夷地（北海道）》を目指したんです。

榎本さんと行動を共にしたのは、松平定敬（容保ブラザー）、永井尚志（大政奉還のときいた人ね）、板倉勝静（この人もそうね）、大鳥圭介、土方歳三や、彰義隊、新選組など、いろーんな隊の、いっさいがっさい集まった旧幕府オールスターです。

そんな大所帯が、箱館（函館だよ）に到着。

ここにも新政府側がいるんですが、旧幕オールスターは戦うつもりはありません。でも襲われちゃうんです。新政府側の箱館府に。

ところが、これまで連戦だった旧幕オールスターは、強ぇのなんの。

たった5日ほどで、箱館と《五稜郭（〝星〟形のお城）》を手に入れ、さらに、その勢いのまま松前藩（これも新政府側）にも勝っちゃって、あっという間に蝦夷地は、旧幕オールスターのものになるんですね。

その後、日本初の（って言われてる）役職の選挙を行う旧幕オールスター。

榎本「ではいよいよ、総裁（リーダー）の発表です。総裁は……155票獲得……榎本武揚！」

みんな「おめでとうーー!!」

総裁は、榎本武揚に決定（ちなみにですが、「箱館奉行並」って役職には、一番最初に黒船と交渉した、あの中島三郎助さんが就任っす。48～49ページで活躍したね）。

ここに、**蝦夷共和国《箱館政権》**って言われたりも）

ってのが誕生したのでした（といっても、本人たちはこの名前を使ってないんですって）。でね、榎本さんは新政府にお手紙を送るんですが、これまでとは、ちと様子が違ってるんですよ。

榎本「旧幕府のみんなのために、蝦夷をもらえませんか？　蝦夷の開拓と、北の警備は日本のためになりますし！」

これなんです。
榎本さんが望んでいたのは。

蝦夷地に来たのは、〝行き場を失った旧幕府メンバー〟のためだったんですね。

ガッツリ土地を減らされ、領地が静岡だけになった徳川家。これじゃとんでもない数の家来があぶれちゃう。そこで榎本さんは、彼らの新しい生活の場所や再就職先を、蝦夷という新天地に求めたんです。

だから新政府に送ったのも、「そちらに抵抗するつもりはない、ただただ蝦夷共和国の存在を認めてほしい」というお願いのお手紙なんです。

なのに、

新政府「ダメだけど」

バッチリ断られます。そして、

新政府「蝦夷に兵送れーーー!!　榎本たちを倒すぞーーーー!!」

となり、

《箱館戦争》（**《五稜郭の戦い》**なんて呼ばれたりもします）

が始まってしまうんです。


蝦夷地に続々と上陸し、箱館・五稜郭に迫りくる新政府軍。

圧倒的な兵力の前に、旧幕府軍は次々と敗北を重ねていきます。

その中で、鬼神と化した男が一人。

土方「新政府軍の一兵たりとも通すな！　撃てーーーーーーーーーーー!!」

新選組鬼の副長・土方歳三です。

箱館へ通じる〝二股口（ふたまたぐち）〟という場所で、土方隊は新政府軍と戦闘になります。

15時から始まった銃撃戦は、雨の降りしきる中、翌朝の7時まで続きました。

16時間に及ぶ戦闘の中、戦いを制したのは、3万5000発もの銃弾を使った土方隊です。

しかし、土方隊の勝利だけでは、敵の勢いは止まらず、ついに、海と陸両方からの、**箱館総攻撃**が始まったのです。

それでも土方はあきらめませんでした。

鬼気迫る馬上の指揮官・土方は、自らの覚悟を言葉に変換し、味方に投げつけるんです。

土方「オレはこの柵で待ち構え、逃げようとする者があれば斬る!!」

命が尽きてしまう、その瞬間まで戦い抜くと決めた男は、全兵士に退くことを許しません。

しかし、

パーーーーーーーン!!

一発の銃弾が土方の腹部を貫きます。

農民から武士になることを夢見た若者は、剣士となり、やがて指揮官へと変貌を遂げました。

プレーヤーからマネージャーへと成長した眩い才覚は、ここでその光を失います。

ドサリと落馬した土方は、最期の言葉を何一つ放たず、絶命したのでした。

その後、五稜郭を攻撃されてもしばらくは抵抗を続けた旧幕府軍でしたが、負けを悟った榎本は新政府軍に降伏。

ここに、**《箱館戦争》は終結**します。

これにより、《鳥羽・伏見の戦い》に始まった、新政府と旧幕府の長い争いにピリオドが

打たれ、

戊辰戦争

と呼ばれる、約1年半の激闘がその幕を閉じたのでした。

戊辰戦争の間に、元号は《明治》に変わり、江戸は《東京》になりました。

ここから、新しい文化の香りが立ち込めるような、古い鎖が巻きついてくるような、これまたすごい時代に突入します。

そう、まだバッタバタです。

でももう紹介する力は残ってません。残りのページ数からも察してください。

それはまた別の機会に。

なんとなく、幕末の人たちの考えやこの時代の流れを摑んでもらえたでしょうか?

幕末の偉人も、現代の自分たちとなんら変わりなく、笑い、喜び、怒り、哀しみ、楽しんでいたということ。

でも、生きることへの熱は、多くの現代人を上回っているかもしれないということ。

教科書で一瞬だけ触れた人物や出来事に、体温を感じてもらえたなら、この本は大成功です。

幕末物語、以上となります。

最後までお付き合いいただきありがとうございました。

おわりに

いかがでしたか？

おそらく、歴史関連本の中では、入門編にあたる『超現代語訳 幕末物語』。「これぐらいは知ってるよ」という歴史好きな方。知ってるにもかかわらずお読みいただきありがとうございました。

逆に、「歴史は苦手なんだよねー」とアレルギーを示される方。よくぞここまでたどり着いてくれました。

そんな方にとっては、「名前は聞いたことあるけど内容まったくわからない」、もしくは「名前すら聞いたことない」というような事柄や人物が、本書の中にたくさん出てきたと思います。

それを知ってほしかったし、お届けしたかったんです。

どんな人物にも、ありったけの意志と情熱が詰まっているし、マイナーな出来事にだって、とんでもない数の人間の思いと行動があふれています。

そのことがわかれば、幕末ほどおもしろい時代はありません。

そして、幕末を執筆するにあたって気をつけたのは、なるべく〝フラットな視点〟でいることです。

様々な思想が入り乱れた時代なので、「こちらが正しくて、あちらが間違っている」という観点で描かれることが多い幕末。

しかし、起こった出来事を偏りなく提供した方が、受け取った個人の感性でストーリーを彩ってくれると思ったんですね。

自分から「この人の考えには共感できる！」を見つけたり、「この人たち、本当はどんな気持ちだったんだろう？」と思いを巡らせたり。

さらに、「登場人物みんなに抱えた思いがあった」ということを知れば、物語としての輝きは増し、この時代をより理解していただけるんじゃないか、とも思いました（多少の個人的見解はご愛嬌ということで）。

「はじめに」で、「幕末は、現在の日本とそっくりです」と書きました。

扱うコンテンツやツールは違いますが、かつての常識が破壊され、未体験ゾーンの波状攻撃を受ける様子は、幕末も２０１８年現在もまるで一緒です。

だとすれば、時代の大転換期を乗り越えた先輩たちの考えや行動を知っておいて、損はないんじゃないでしょうか。

先人たちが残した情報は、今に活かし、未来へつないでいった方が得するに決まってます。

それならば、幕末の出来事はみんなで共有した方がいい。

せっかく共有するなら、学ぶなら、間口の広いものがあった方がいい。

で、本書がその役割を少しでも担えたなら……嬉しいなと。

何が言いたいのかというと、この本によって、みなさんの中の〝歴史〟というジャンルが、〝エンタメ〟のカテゴリーに入れば最高だという話です。

最後に。この本の制作に携わってくれた方々、みなさんに感謝します。

そして何より、本書を手に取り、時間を割いてくれたあなたに、あらためてお礼を。

本当にありがとうございました。

あなたが一秒でも楽しさを味わってくれたなら、こんなに嬉しいことはありません。

またお目にかかれる日を楽しみに。

二〇一八年夏　　房野史典

文庫版あとがき

幕末と現代の日本との共通点を改めて考えた時、浮かんできたのが〝距離〟でした。

幕末では欧米諸国との距離が縮まり、恐ろしく慌てた日本でしたが、現代も同じように、いや、それ以上に世界との距離が近くなり、今現在の日本も大いに戸惑っています。

交通手段の発達などもそうですが、それより何よりインターネットが出来ちゃいましたもんね。距離なんてゼロです。

オンラインによって物理的な距離が破壊されるとえぐいですよね。食べ物も音楽も動画も経済も文化も、ありとあらゆるものが世界の国々と同じテーブルに並べられて吟味されるんですから。競争相手が国内だけの時には成立していた商品でも、世界が相手となれば、淘汰されるものが続々と出てくるでしょう。

さらにです。このあとがきを書いている2021年現在、世界には新型コロナウイルスが蔓延していますが、ここで明るみになったのが日本のITリテラシーの低さでした。

人々の移動が制限されたため、より一層叫ばれた各所のIT化。しかし、日本の多くの企業や学校ではその準備が整っていなかったため、大人は時代に適した働き方を、子どもは十分な教育を受ける機会を失ってしまいます。

そこから「デジタル後進国」や「ＩＴ後進国」のワードがやたらと躍るようになった。というのが、大ざっぱな現在（２０２１年）の状況でしょうか。

「日本と世界との距離」という視点で切り取った場合、２０１８年に本書の単行本を刊行した時より幕末感が増したように感じます。

だからこそ、理解したいと思いました。

世界との差が開いてしまった、幕末に似ている現代だからこそ、当時を生きた人たちのことをもっと理解したいと思いました。

志士や幕臣の行動の意味、幕末の社会構造、世界の動き。それらをもっともっと知って、今の世を生き抜くヒントを摑み取りたいと思いました。

歴史の解説本を書いていますが、ＩＴがどうたらと書いていますが、僕はまだまだ知らないことだらけです。でも、だからなおさら、世界を知らないところからスタートして、**未曾有の危機に立ち向かっていった幕末という時代を、今あらためて深く知りたい**と感じています。

これ、「あとがき」じゃありませんね。40代男性による、ただの「学び直し宣言」ですね。

そんな文章をここまで読んでくださり、ありがとうございます。

そして何より、この文庫を手にしてくださって、本当にありがとうございました。

本書を読んでくださったあなたと、いつかどこかでお会いできる日を楽しみにしています。

二〇二一年初夏　房野史典

【参考文献】

『ペリー提督日本遠征記　上・下』（M・C・ペリー著　F・L・ホークス編纂　宮崎壽子監訳／角川ソフィア文庫）
『アーネスト・サトウ　一外交官の見た明治維新（上）（下）』（坂田精一訳／岩波文庫）
『昔夢会筆記　徳川慶喜公回想談』（渋沢栄一編　大久保利謙校訂／平凡社東洋文庫）
『ハリス』（坂田精一著／吉川弘文館）
『吉田松陰著作選』（奈良本辰也著／講談社学術文庫）
『吉田松陰と久坂玄瑞』（河合敦著／幻冬舎新書）
『幕末長州藩の攘夷戦争』（古川薫著／中公新書）
『高杉晋作』（一坂太郎著／文春新書）
『勝海舟と西郷隆盛』（松浦玲著／岩波新書）
『西郷隆盛』（猪飼隆明著／岩波新書）
『西郷隆盛』（澤村修治著／幻冬舎新書）
『大久保利通』（毛利敏彦著／中公新書）
『坂本龍馬』（松浦玲著／岩波新書）

『戊辰戦争』(佐々木克著／中公新書)
『氷川清話』(江藤淳・松浦玲編／講談社学術文庫)
『王政復古』(井上勲著／中公新書)
『幕末・維新』(井上勝生著／岩波新書)
『幕末史』(半藤一利著／新潮文庫)
『幕末史』(佐々木克著／ちくま新書)
『いっきにわかる幕末史』(山村竜也著／PHP研究所)
『一個人別冊　歴史人　坂本龍馬の真実』(一個人編集部編／KKベストセラーズ)
『歴史人別冊SPECIAL　坂本龍馬の謎と真実』(KKベストセラーズ)
『歴史人別冊　幕末維新の真実』(KKベストセラーズ)
『歴史人別冊　新選組の真実』(KKベストセラーズ)

解説

本郷和人

(1)歴史の状況

2021年3月、ぼくは『「失敗」の日本史』(中公新書ラクレ)という本を出版した。その直後、この本を一緒に作った編集者のYくんが、内容の一部を成形し、「豊臣秀吉は何を目的として朝鮮半島に出兵し、またなぜ失敗したのか」をテーマとした文章に仕上げて、ネットに寄稿した。ネット記事を通じて本そのものに注目してもらって、購入行動に繋(つな)がることを期待したのである。

Yくんの積極的な取り組みにぼくは感謝をしたのだが、正直なところ、二つの点で危惧の念をもってもいた。まずは、そもそも「読んでくれる人がいるのかな」というもの。ネット記事は本の叙述を下敷きにしているため、それなりの分量があった。難解ではないし、研究論文の硬い文体に比べると相当に崩してはいるものの、内容はサービス精神などとは無縁の、正面からの、真面目な考察である。日ごろのぼくの本の不人気ぶりから連想するに、ネットに載せてはみたけれど、まったく見向きもされずに終わるかもしれないと思った。

もう一つは、取り上げた内容である。日本と韓国は周知のように、ここしばらくの期間、いくつかの懸案をめぐって、ギクシャクしている。そうしたことを踏まえてか、秀吉の朝鮮出兵については、学問世界においても活発な議論がない。研究者が萎縮してしまっているのか、議論が尽くされないので、当然、みなが納得する統一見解も形成されていない。こうしたことについて、ネットで議論を展開する、というのはどういう事態に結びつくのか。いわゆる「炎上」しはしまいか、と危ぶんだのだ。

だが、実際には、二つの危惧はまったくの杞憂に終わった。驚くほど、多くの人が記事を読んでくれたし、予想を遥かに超えるコメントが付いた。もちろん、本郷の見解には首肯できない、とぼくの見方を厳しく批判するものもあったが、議論であるからそれは大歓迎なのだ。日韓の対立を煽るような、感情的なものはほとんどなく、みなさんが「私の意見を聞け」と堂々と、真摯に、自己主張しているのがうれしかった。

ぼくはこのことから、改めて思い知らされた。まっとうな歴史好きは、まだまだたくさん存在するのだ。しかも彼らは、自分の解釈に自信をもち、議論に積極的に参加したがっている。「熱」は間違いなく、あるのだ。

一方で、ぼくたち歴史研究者はどうだろうか。それを思うと、正直、ぼくは意気消沈せざるを得ない。良心的な研究者は、自分の守備範囲を固く守り、冒険をしない。というか、テリトリーを出ることに恐れをもっている。それは見方を変えると、自分が十二分に責任をもてる事象にしか発言しないという、真面目で禁欲的な姿勢ではあるのだが、それではなかなか「議論をして盛り上がろう、歴史好きを増やしていこう」というムーブメントにはなっていかないのだ。たしかにうかつに社会に働きかけると、どこに落とし穴があって、いつ炎上するか分からない、という恐ろしい状況であることは確かなのだが、こうした研究者の消極的な姿勢は、まさに「象牙の塔に閉じこもっている」といわれても仕方がないのではないか。

歴史が好きで、きちんと議論もしたいと願う「歴史好き」。新しい知見に至ろうと研究を続ける「専門家」。それぞれが情熱を燃やし続けているのに、両者には距離があって交わることがない。それが現在の日本史の状況なのではないか。

(2) 本書の価値とは

そうした状況を踏まえて、本書、『超現代語訳 幕末物語』について考えてみよう。端的にまとめて、本書の価値は二つあると思う。**A**何しろ面白い、読みやすい、ということ。**B**そうはいっても、内容はしっかりと本格派だ、ということである。

まず**A**。本書は読みやすい。現代社会の「生きた」言葉をふんだんに用いて、リズム良く、幕末の複雑な政治状況を解説していく。その力量は驚くべきものだ。

「伝える」。この行為はこれまた二つの作業がしっかりできていないと効果を発揮しない。まず一つ。話し手自身が伝える内容を確実に、隅々まで理解していること。基本的なことではあるが、これがまず大事である。自分の理解が矛盾していたり、細部をいい加減に済ませていては、確実な伝達は期待できないのだ。本書は「尊王」・「佐幕」、「攘夷」・「開国」など、いろいろな考え方、行動様式が混在する複雑きわまりない時代を、しっかりと理解しているから成立し得た。第一の点はしっかりとクリアーしているわけだ。

もう一つは、伝え方に工夫が凝らされていること。どんなに優れた内容も、読み手にうまく伝わらなければ、意味がない。そこで著者は、先述したように、口語体をふんだんに用いて、分かりやすく伝えようとしている。

ぼくが尊敬する社会学者である内田樹さんは、「(哲学のような) 難しいことというものは、他者にそのありようを伝える際には、どうしても難しい表現を用いざるを得ないのだ」という意味のことを著書に書かれている。たしかに複雑で難解なことを、分かりやすい言葉で表現してしまうと、こぼれ落ちてしまう要素が出てきてしまう。それは正確さを欠くやり方であり、危うい。内田さんはそう仰りたいのだと思うし、たしかに一理あるのだ。「神は細部に宿る」。細部をゆるがせにしてはならない、というお考えだろう。

だが、ぼくはやはり、この点に関しては内田さんの意見に反対したい。研究者同士の学問的な議論においては、その通りだろう。だが、社会に向けて、哲学や国文学や歴史学の成果や達成を発信するときは、「分かりやすさ」重視は十分な武器になるはずだ。

たとえばぼくは、鎌倉幕府の歴史書である『吾妻鏡』の現代語訳という仕事に参加した。研究者にとっては『吾妻鏡』の原文（和風漢文で記述される）はさほど難しい文章ではない。でも、それでも、実生活で用いられる言葉ではないから、一般の方々には、読解は十分に面倒くさいのだ。『吾妻鏡』原文を現代語に置き換えていくと、どうしてもアバウトな部分が出てきてしまう。でも一つの理解を示すものとして、ぼくはこの仕事には意義があったと思っている。

そこでまた本書に立ち返る。著者の伝え方は、軽快で、リズミカルである。これならば、途中で投げ出すことはない。短時間に読了できるし、しかも、頭にすっきりと入ってくる。歴史を知るためには、こういう本こそが必要なのだと思う。

（3）著者の価値とは

学問的な達成を伝える本も、面白さが必要だ。そう考えるぼくは、実はかつて、それを実践してみたことがある。『人物を読む　日本中世史』（講談社選書メチエ）という本だ。だが、内容は十分に豊かだと思うのだが、この本の評判は散々だった。恩師の百瀬今朝雄先生（東大史料編纂所の所長から立正大学教授。今は東京大学ならびに立正大学の名誉教授）からは、「こういう品のない本はいけない」と面と向かって叱られたし、何より読者の評価が散々であった。

本郷和人という学問の世界に生きる人間が歴史を叙述する。このとき、読者が期待することは、うまい表現が見当たらないのだが、「ほどよい分かりやすさ」なのだろう。あるいは、実際には学問空間で生活しているぼくが無理やり今風な表現を使っても、それは「痛いだけ」ということかもしれない。それゆえにぼくは、それ以来、そうした表現は一切封印し、使用していない。あくまでも文語を用いて、その中で「分かりやすさ」の追求を工夫している。

だが、こうした穏当なやり方ならば問題はないのかというと、そうとも限らない。昨今、書籍はそう簡単には売れない。学問的な本ならば、一層である。そうすると、出版社ももちろんビジネスであるから、学問的で、真面目一方の本は、作りたくない、売りたくない、ということになる。

たとえばこんなことがあった。もう五年ほど前のことだろうか。鎌倉幕府初期の内部抗争はなかなかスリリングで、まさに「仁義なき戦い」鎌倉版、という様相を呈している。そうした武士同士の命を賭けた争いの様子を描写し、北条氏が権謀術数の限りを尽くしてのし上がる様を本にしようという話が、ある有力な出版社さんから持ち込まれた。ぼくと編集者さんは興奮して話し合い、楽しくプロットを練り上げたのだが……編集会議でこの企画はみごと、ボツになってしまった。

編集者さんは会議をリードする方に「ばかやろう。そんなぬるい企画は通せない。東大の先生に『鎌倉幕府なんてものはなかった』くらい言わせなければ、本は売れないんだよ」と言われたそうだ。大学の教員という肩書きにふさわしい活動をしようとすると、時としてこういう事態に直面することもあるのだ。

この意味でも、本書の著者は光を放つのだ。房野さんは学問とか学界とかに縛られることはない。この意味で、偉大なるアマチュアである。だが、ここで声を大にして言いたいのだが、本書は**(2)**の**B**、本格派なのだ。がっちりと時代を把握していて、それをかみくだいて解説してくれているのだ。伝え方は親しみやすい。だが中味は本格派。それが本書の真骨頂だ。

この意味で、著者は真の「歴史者」ということができる。「歴史家」のまちがいだろう？いや、そうなのだが、そうではない。本当は歴史家と言いたいが、歴史家というのは卓越した歴史眼を有し、かつ実績を積んだ稀有の人にのみ許された呼び名であるから。必然的に功成り名遂げた、おじいさんが歴史家。著者は歴史家になり得る、歴史者であると評しておこう（なお、ぼくは駆け出しの歴史研究者である。時として勘違いした研究者が歴史家を自称することがあるが、そうした人は言葉の正しい選択のできない、二流の歴史研究者にすぎぬことが多い）。

難解さと分かりやすさ。著者はこの二つの領域を易々と飛び越える。これができる書き手は誠に貴重である。房野さんには、これからも精力的に仕事を続け、いずれはれっきとした歴史家になっていただきたいと切望する。それから、最後にぼくの個人的な願いであるけれども、先述した鎌倉幕府のドロドロの政治史、これの超現代語訳にも挑戦してほしい。お願いします。

――歴史研究者・東京大学史料編纂所教授

この作品は二〇一八年八月小社より刊行されたものです。
JASRAC 出 2104165-101

幻冬舎文庫

●好評既刊
超現代語訳 戦国時代
笑って泣いてドラマチックに学ぶ
房野史典

マンガみたいに読めて、ドラマよりもワクワク。笑いあり涙ありの戦国物語。「関ヶ原の戦い」「真田三代」などのキーワードで、複雑な戦国の歴史がみるみる頭に入り、日本史が一気に身近に！

●最新刊
キッド
相場英雄

元自衛隊員の城戸は上海の商社マン・王の護衛のために福岡空港へ。だが王が射殺され、殺人の濡れ衣を着せられる。警察は秘密裏に築いた監視網を駆使し城戸を追う――。傑作警察ミステリー！

●最新刊
ラストラン ランナー4
あさのあつこ

努力型の碧李と天才型の貢。再戦を誓った高校最後の大会に貢は出られなくなる。彼らの勝負を見届けたいマネジャーの久遠はある秘策に出る。陸上に魅せられた青春を描くシリーズ最終巻。

●最新刊
ああ、だから一人はいやなんだ。
いとうあさこ

正直者で、我が強くて、気が弱い。そんなあさこの〝寂しい〟だか〝楽しい〟だかよくわからないけど、一生懸命な毎日。笑って、沁みて、元気になるエッセイ集。

●最新刊
作家の人たち
倉知　淳

押し売り作家、夢の印税生活、書評の世界、ラノベ編集者、文学賞選考会、生涯初版作家の最期。本格ミステリ作家が可笑しくて、やがて切ない出版稼業を描く連作小説。

超現代語訳 幕末物語

笑えて泣けてするする頭に入る

房野史典

令和3年6月10日　初版発行

発行人――石原正康
編集人――高部真人
発行所――株式会社幻冬舎
〒151-0051東京都渋谷区千駄ヶ谷4-9-7
電話　03(5411)6222(営業)
03(5411)6211(編集)
振替00120-8-767643
印刷・製本―株式会社　光邦
装丁者――高橋雅之

幻冬舎文庫

ISBN978-4-344-43092-1　C0195　ほ-15-2

幻冬舎ホームページアドレス　https://www.gentosha.co.jp/
この本に関するご意見・ご感想をメールでお寄せいただく場合は、
comment@gentosha.co.jpまで。